Heinrich Noé
Seinerzeit in den Bergen

rosenheimer
raritäten

Heinrich Noé
(1835–1896)

Seinerzeit in den Bergen

Wanderfahrten in Südbayern,
Nordtirol und im Salzkammergut

Auswahl und Nachwort von Wilfrid Feldhütter

rosenheimer

Inhalt

Vorwort 7
Im Isarwinkel 9
Birkenstein 20
Ammersee 23
Föhn am Chiemsee 30
Das Königshaus auf dem Schachen 40
Prangertag und Hl. Blutfest 52
Holzknechtabenteuer im Werdenfelser Land 58
Der Winter blüht! 64
Schmugglerromantik von ehedem 69
Zu Füßen des Samerbergs 78
Drüben, am Achensee 87
Berchtesgadener Alpenpark 100
Unerwartetes Leben 102
Der Gschwinder – der Gsünder! 108
Herbstfarben 118
Von der Iller zum Lech 123
Allgäuer Sagen 138
Blick über den Bodensee 142
Frühling im Salzkammergut 144
Ausflug zum Attersee 150
Unterwegs zum Wolfgangsee 155
Hallstatt 159
Aufstieg zum Dachstein 163
Vision 168
Heinrich Noé 170

Vorwort

In diesem Werk soll zum ersten Mal eine Darstellung der gesamten deutschen Alpenwelt in Wort und Bild gegeben werden. Auf die staatlichen Grenzen, welche sich im Laufe der Jahrhunderte immerwährend wechselnd zwischen diesen hohen Bergen hin- und herschieben, konnte dabei nur beschränkt Rücksicht genommen werden.

Die Darstellungsweise ist eine bald beschreibende, bald erzählende, weil nur in der Abwechslung beider die Teilnahme des Lesers unterhalten werden kann.

Als eine Besonderheit dieses Werkes, auf die ich wohl aufmerksam machen darf, bezeichne ich die verschiedenartige Beleuchtung, in welcher Landschaften und Menschen erscheinen.

Der Verfasser ist kein Sommer- oder Ferientourist, der einige müßige Wochen in angenehmer Gesellschaft die Berge durchschlendert. Wenn man die im Buche beschriebenen Erscheinungen betrachtet, so wird man finden, daß es von einer Wintersonnenwende bis zur andern keinen Monat, ja keine Woche und keinen Tag gibt, an welchem er sich seinen Gegenstand nicht beschaut hätte. Diese Überzeugung, welche dem Leser das Vertrauen gibt, daß er es mit jemandem zu tun hat, dessen Leben in seiner Arbeit aufgeht, wird bestärkt werden durch die eingestreuten Erzählungen, deren Inhalt auf den beliebten Sommerwanderungen nicht angeeignet werden kann.

Das Gebiet, welches hier beschrieben wird, ist der Gegenstand von so vielen Skizzen und Büchern gewesen, daß deren Zahl schon nicht mehr überschaut werden kann.

Es darf deshalb nicht Wunder nehmen, wenn ich an manchen Schaustücken vorbeigehe, von denen ich voraussetzen kann, daß jemand, welcher überhaupt Teilnahme für das Schrifttum der Alpen empfindet, darüber bis zum Überdruß gelesen hat. Dagegen verspreche ich, den Leser in manches absonderliche Gebiet zu führen und ihn durch verstecktere Sehenswürdigkeiten für diese und jene abgetretene Heerstraße zu entschädigen. Dieses Buch ist in Liebe zu den Bergen entstanden. Möge es in Nachahmung des Gesetzes von der Erhaltung der Kraft, welches in der körperlichen Welt gilt, auch anderweitig durch seinen Anstoß jene Liebe anfachen und warm erhalten.

Der Verfasser
Heinrich Noé

Im Isarwinkel

Das *Vorland* der Alpen muß man im schönen Mai oder Juni um die lustige Zeit des Pfingst- oder Fronleichnamsfestes besuchen, wenn die Wälder im frischesten Grün dastehen und über ihre Wipfel sich blau und weiß das Gebirg erhebt. Letztere Farbe verschwindet immer mehr, je weiter der Sommer vorrückt, und schließlich haftet sie nur auf wenigen besonders hervorragenden Zinnen.

Schauen wir einmal nach, wie bei einem solchen Gang von der *Ebene in die Berge hinein* sich der sommerliche Frühling gestaltet.

Wenn man von Holzkirchen nach Tölz geht, so steht sofort vor dem ersteren Marktflecken ein Panorama der bayerischen Berge da. Wenn man bedenkt, daß Holzkirchen mehr als 2100 Fuß (ein Pariser Fuß = 0,325 m) über dem Meer liegt und sich von ihm an gegen Südosten, gegen die Inn-Pforte hin, das Land senkt, so begreift man, daß man auf einer Warte steht. Von den Chiemsee-Bergen an bis zu denen, aus welchen die Amper hervorbricht, und noch weiter gegen Westen breitet sich die blaue, oben eingeschnittene und ausgezackte Mauer aus. Noch sind die Zinnen verschneit, selbst auf den bescheidenen Tegernseer Wallberg hinab langt noch der Winter. Besser als auf einer Landkarte sieht man die Einbuchtungen in den Bergen, in welchen die Seen eingebettet liegen und aus welchen die Flüsse herauskommen. Alles scheint so nah – und auch die Zeit selbst, nicht nur das Auge allein, wird von der Täuschung erfaßt. Wie viele Jahre sind es her, daß ich dort von dem Buchenhügel neben dem Würmsee die Maienglocken hörte, der Kuckuck rief aus dem Tannenwald und die Berge standen gerade so jugendlich leuchtend vor mir wie heute? Die Zeit, welche

dazwischen sich ausdehnt, ist mir in diesem Anblick entschwunden. Das Herz hat sich erweitert – die alte und die neue Zeit fließen in jenem verklärenden Duft zusammen, der unter den Silberkronen das niedrigere Gestein verdeckt.

Die Dörfer wie Großhartpenning oder Saxenkam haben hier nicht das lustige Aussehen wie weiter drinnen in den Bergen. Doch entwickelt sich auch da schon manche menschliche Staffage, die zu den blauen Bergen paßt. Da steht ein hübsches Mädchen, das gegen Holzkirchen wandert, um mit der Eisenbahn in die Stadt zu fahren, mit ihrem Bündelchen auf der Straße und scherzt mit den Wegmachern, welche sie wohlgefällig betrachten. Sie trägt den Tegernseer Hut mit reicher Goldquaste verziert, und auch die Goldverzierung auf dem Mieder zeigt, daß sie nicht armer Leute Kind ist. »Geh, zahl a Maß!« sagen die durstigen Wegmacher, und das Mädchen greift in die Tasche und sagt: »Auf a Maß kommt's mir nit an!«

Zu Saxenkam darf man nicht in ein Wirtshaus einkehren, wenn man nicht von Prügeln und Raufen hören will. So auch heute. Ein halbes Dutzend Tiroler ist soeben mit blutigen Köpfen heimgeschickt worden. Die königlich-bayerischen Behörden haben mit diesen Recken viel zu tun. Sie erscheinen in den Kanzlei-Papier-Annalen der Gerichte nicht nur als Raufer, sondern auch als Wildschützen und Haberer. Hier ist der klassische Boden vorälplerischer Hünenhaftigkeit. Was das Haberfeldtreiben anbelangt, so ist es in neuerer Zeit durch scharfe Maßregeln, Einlegen von Soldaten in's Dorf, Einberufung sämtlicher Beurlaubten des ganzen Bezirkes und ähnliche Zwangsmittel des Rechtsstaates schier unterdrückt worden – das Raufen aber blüht fort. Hier muß der Arzt vor allem ein guter Chirurg sein.

Je näher man gegen Tölz kommt, desto lustiger wird

der Anblick des Vorlandes. Bald erscheint der ganze blaue Wall hinter einer einzigen langen Fichtenforstreihe – ein Anblick, der durch das Hineinragen der dunkelgrünen Wipfel in die Bergbläue von besonderer Schönheit ist. Bald tauchen aber auch die Berge über roten Nelkenböden im Walde auf, und dann paßt das lichtverklärte Vergißmeinnichtblau der umdufteten Höhen nicht übel zusammen.

Manchmal stehen Kreuze am Weg mit frommen Inschriften. Sie stimmen gut zur Landschaft, wenn sie alt

und verwittert sind. Dagegen wollen mir die großen, ganz neuen, kunstfertig geschnitzten, mit glänzend gelbem Firnis überstrichenen und mit einem Christusleib aus irgendeiner »Anstalt für christliche Kunst« versehenen Kreuze nicht behagen. Sie passen so wenig hinein, als die neumodischen, im Unstil von glatten Vorstadt-Arbeiterhäusern gehaltenen Bauten, die man hie und da sieht, gegenüber den alten hölzernen Bauern-Ansitzen mit ihren hölzernen Altanen und Lauben.

Bei Tölz erreicht man die *Isar.* Wenn man an ihr auf-

wärts gegen Lenggries hingeht, so treten allmählich die Berge hinter einem zusammen. Zur Rechten erscheinen Brauneck und der krumme Rücken der Benediktenwand –, welch letztere zu besteigen niemand unterlassen soll, der die bayerischen Seen und die vereisten Berge der Zentralalpen zu gleicher Zeit überschauen will. Im übrigen ist das Tal zwischen Lenggries und Tölz ziemlich gleichförmig. Nur die Isar belebt es, die zwischen den von ihr mitgebrachten weißen Kiesinseln lichtblau dahinströmt, mit diesem Wasser und den Weidenauen so eigentümliche Bilder zusammenstellend, wie von solcher Grellheit der Farben kein anderer Kalkalpenstrom.

Fall liegt in einem ziemlich weiten Tal. Ahorne stehen auf der Au, und blaugrün rauscht die Isar dem Engpaß grauer Felswände zu. An manchen Stellen deckt auch nur Legföhrengestrüpp den Schotter-Anger, an anderen wieder Jungwald, in welchem Rehe ihr Wesen treiben; denn hier und gar in Vorderriß ist der wahre Jagdboden zwischen Inn und Lech. Der Rasenplatz gleich hinter dem Faller Wirtshaus ist besonders schön und ein lustiges Bild aus dem Bergland der Bayern: als ich ihn zum letzten Mal sah, klingelte eine Viehherde vorüber, die zur blauduftigen Alp zog, von deren höheren Matten noch der Schnee herabglänzte – in allen Schattierungen grünte die Welt, die Buche wölbte ihr lichtes Dach, der Kuckuck rief, und eine Schießscheibe stand auf dem Rasen und gemahnte an die Sonntagsfreuden der Jäger.

Man kann von Fall bis Walgau gehen, ohne einem Menschen zu begegnen. Auch von Fuhrwerken wird die Straße wenig benutzt – Zeugnis dafür die gelben Löwenzahnstreifen, die sich an vielen Stellen derselben in der Mitte angesiedelt haben.

Um Riß herum, wo der Bach aus der tirolischen Hin-

Im Hochgebirge · Zwischen Kalkalpen

terriß oft groß und schneemilchig herauskommt, ist die wildreichste Gegend. Man hört nur von Hirschen, Rehen und Raubvögeln reden, wenn man unter die Jäger gerät. Hie und da sieht man wohl einen Fischer, der am weißen Kiesstrand Forellen nachgeht, oder begegnet einem Fuhrmann, der Bretter, Kohlen, Holz hinausfährt; im ganzen aber ist große Stille.

Es ist die eigentliche Weidmannsaue des bayerischen Gebirges.

Hier blühen, von Ackerbau und anderer menschlicher Störung ungehindert, durch das ganze Tal und neben dem Wege hin die Alpenblumen der Vorlande – im Mai ist alles rot und blau von der mehligen Primel und der stiel-

losen Enziane. Und wenn man sich endlich Walgau nähert, so erscheint, was schon von Riß aus sichtbar war, das hohe Gerüst des Zugspitzstockes in naher Schneepracht. Das enge und einförmige Isartal weitet sich aus – eine große Bergwelt dehnt sich aus, vom fernen Inntal schauen Schneefelder herüber: es ist jene weite, gewaltige Landschaft um Walgau und Krün da, die allein schon eine Reise aus weiter Ferne belohnt.

Von Krün geht ein Fahrweg zur Fischbachalpe und von dort weiter zu zwei berühmten Hochseen des Bayernlandes, den Soiernseen, welches Wort als Tautologie erscheint, da eben schon Soiern nichts anderes sagen will als »zu den Seen.«

Am Peter- und Paul-Tag, dem Fest, welches in die blühende Zeit des Hochgebirgsommers fällt, lag duftige Pracht über dem Isartal. In schönem Feiertagsgewand wanderten am frühen Morgen die Menschen den Glokken nach. An sonnigen Tagen des Frühsommers schauen oft auch nahe Berge aus bläulichem Duft.

In den lautlosen, glanzvollen Stunden der Frühe wurde ein grüner Plan zum »Hochzeitschießen« geziert. Ein Jäger schmückte die Stände mit Fichtenreisern. Draußen an der blauen Isar sah man Pferde weiden – große Stämme schaukelten auf der Flut, ferne und nahe Berge umzogen den Schauplatz mit Schneeglanz und Walddunkel. Solche Vormittage lassen den langen Winter des Hochgebirges vergessen. Es ist eine selige Zeit, und man sollte wähnen, die fernhallenden Glocken werden aus Freude über die blühende Welt in Bewegung gesetzt.

»Die Isar entspringt im Karwendelgebirge«, sagt eine Inschrift, die zu München angebracht ist. Diese Belehrung hat den Vorzug der Kürze, aber völlig wahr ist sie nicht. Denn von den drei Bächen, die im Dorfe Scharnitz angesichts der blau-weißen Grenzpfähle zusammenfließen und die Isar bilden, kommt nur ein einziger aus den Kalkwüsten des Karwendel. Und gerade der mittlere von diesen Bächen, eben derjenige, welcher in der Geographie ohne weiteres als Isar bezeichnet wird, kommt aus dem Hinterautal, aus der Gegend um die Kastenalpe hervor, welches Tal doch vom Karwendel durch mächtige Joche getrennt ist. Und ein dritter Bach bricht dort aus dem Gleirschtal, dessen romanischer Name (*glaries*, Kies, Schotter) an die Jahrhunderte erinnert, in welchen hier nicht der trutzige Bayernstamm, sondern feingliederige Romanen saßen.

Trotzdem lasse ich mir den Karwendel als Heimat der

Isar gerne aufschwätzen. Denn es ist ein wildschönes Gebirge von großer Ausdehnung, und sein Name, der aus Kar, welches kleine Hochfläche, kurzgrasige Mulde der Felsgiebel, und Wändel, der Verkleinerung von Wand, zusammengesetzt ist, scheint mir schon mehr als ein Name, er ist, was man im gelehrten Stil eine Definition nennt. Wenn er mit seinen Geröllhalden und dunklen Fichtenständen, seinen Alpenrosenflächen und Wasserfällen, seinen Schluchten und Abstürzen dem Flusse, zu welchem er nur ein Drittel des Wasservermögens spendet, zu Gevatter steht, so ist es wenigstens ein stattlicher Taufpate. Mitten in diesem grünen Talboden liegt *Mittenwald*, zur Zeit, als die Bajuwaren hier gegen die Römer, wie Aventinus erzählt, »Gränitz gemacht« haben, wohl »mitten im Walde«, heute aber vom Tann der Alpen durch eine schöne Aue mit Feldern und Wiesen geschieden. Diese Flur ist nach jeder Richtung hin in weniger als einer Viertelstunde von demjenigen durchschritten, der in den harzigen Bergwald oder zu einem hellen Wasser kommen will, und darum sind die Erinnerungen an das Tal vor den Isarquellen von Waldbildern unzertrennlich.

Der Nachbar des Karwendels ist die Pyramide des Wetterstein, hier besonders schön zu beschauen. Der Gipfel desselben erhebt sich schroff viertausend Fuß über das Tal, welches selbst schon dreitausend Fuß über dem Meer liegt. Oft bilden die beiden, wenn die Sonne sinkt, wundersame Gegenstücke. Nachdem der Kalk bis gegen Abend bleichgrau unter dem tiefblauen Himmel dagestanden war, entzündet sich das Karwendel urplötzlich veilchenrot, und über dem Wetterstein schwebt ein pinienwipfelähnliches Wolkendach blutrot durchzuckt, wie es die Blitze in der Rauchsäule des Vesuv tun. So schauen an schönen Sommerabenden die Pfosten des Portales aus, durch welches die Isar in Bayerns Berge hereinbricht.

Birkenstein

Wer von Schliersee herkommt, dem scheint hinter Bayrischzell die Welt verschlossen zu sein, da er die Lücke nicht gewahrt, durch welche sich der Weg gegen die Bäkker-Alm und das Landl hinauswindet.

Umgekehrt bemerkt der nach Nordwesten und Norden Strebende gar bald, daß sich die Berge auseinanderschließen und das Flachland nahe ist. In beiden Richtungen ein angenehmer Gang.

Nehmen wir die erste Morgenfrühe eines Hochsommertages, um nach Miesbach hinauszugehen.

Noch beschatten die Zäune den Weg zwischen Getreide und Wiesen. Rote Kirschen hängen darüber – bald geht es auch durch feuchte Moore, in denen oft tiefe, klare Tümpel stehen. Durch Riedgras und Schilf rinnen Bäche, deren große Kreisel runde Schatten auf den weißen Grund werfen. Bald fällt unser Auge auf kleine Kapellen mit Heiligenbildern, bald auf die grünen »Palfen«, wo auf der Strecke weniger Stunden sich mehr Wild durch die Forste tummelt, als im ganzen dreieckigen Gottesstaat Tirol.

Um den »Hammer« herum hängen in den Gärten rote Johannisbeeren und spenden Ahorne ihren Schatten. Da fließt die Leitzach zwischen Weiden in hohen vielfarbigen Buschufern.

Wir kommen an tauigen Wäldern vorüber und gelangen nach Fischbachau, Marbach, Elbach, zur klassischen Erde des bayerischen Hochlandes – gegen das herrliche Vorland hin. Trachten und Menschen werden schöner.

Wie viel freundliche Eindrücke bringt ein einziger solcher Gang! Da schauen wir zum liedergefeierten Birkenstein hinüber, sehen Rosen um die Häuser – mächtige

Ahorne schneiden die prächtigsten Bilder der Ferne aus. Vom Flachland herein kommt der Nordwind, welcher die Lindenblüten bewegt. Aus mancher kleinen Kapelle am Weg, deren grüne Tür halb geöffnet den Hauch des Sommers einläßt, schimmert als roter Funken das Altarlämpchen.

Denken wir uns nun in diese Landschaft sonntägliche Staffage hinein, etwa eine Bruderschafts-Prozession, die mit roten Fahnen durchs Tal zieht, während von den Bergen der blaue Rauch der Böller aufsteigt und es weithin festlich durch die Wälder dröhnt. Vergessen wir dabei nicht das lustige Gewimmel im Wirtshaus, nachdem Kreuz und Fahnen in irgendeinem Winkel zur Rast gestellt worden sind. Auch der weltlich gesinnte Wanderer mag sich des Zusammentreffens mit einer solchen geistlichen Gesellschaft freuen, denn es bedeutet frisches Bier, Dampfen und Zischen auf dem Kochherd. In solchen Fällen hat dann meist in der kühlen Flur der Herberge die Kellnerin ihren Stand aufgeschlagen und läßt die frommen Gäste an sich herankommen, statt ihnen die schäumenden Krüge entgegenzubringen. Das Wirtshausleben im Hochgebirge an schönen Sommer-Sonntagen gehört zu jener Reihe von Bildern, deren Vollständigkeit unerläßlich ist, wenn eine allgemeine Vorstellung von der Natur der Dinge und Menschen gewonnen werden soll. Es ist am Ende eine Kneipszene wie überall – Geschrei, Singen, allgemeine Aufregung. Doch erhält sie durch die Trachten der Burschen und die Anwesenheit geschmückter Mädchen besondere Farben. Derlei Bilder sind von den Münchener Malern so häufig gemalt worden, daß es unnötig erscheint, sie mit der Tinte nachzuzeichnen.

Unser Weg geht heute ins tiefe Leitzachtal und von dort nach Miesbach hinaus. So entkommen wir nirgends den grünen Wällen des Waldes zu beiden Seiten und dem

Anblick schmucker Dörfer, welche die Wildnis anmutig unterbrechen. Da ist Elbach, Hundham und endlich Wörnsmühl – überall Blumen vor den weißen Wänden, Rosen und Lilien und grün überwachsene Holzhäuschen in den Gärten. Bei der Wörnsmühl verzweigt sich die Leitzach in klaren Kanälen durch den Waldgrund, die so grün sind wie der Forst selber.

Hier unten in diesem Buchen- und Tannengrund teilen sich die Wege. Der eine zieht sich gegen Au zum Inn hin, der andere aber zur grünen Mulde von Miesbach.

Ammersee

Vom Herzogstand aus erblickt man die beiden größten Seespiegel des westlichen Vorlandes, den von Starnberg und jenen anderen, durch welchen die Amper sich hindurchzieht. Wie sehr beide die Ziele der Landschaftsmaler geworden sind, möchte vielen bekannt sein. Stets hat seine breite Wasserfläche mit den einsamen Waldufern, über welche die hohe Wallfahrtskirche von Andechs hereinschaut, und dem am fernen Gesichtskreis fast verdämmernden Hochgebirge die eifrigen Jünger angezogen.

Versetzen wir uns einmal von unserer luftigen Warte dort in das Gewimmel des Flachlandes hinaus, welches von einem Berg herab betrachtet, ebenso blaut, wie der Alpenwall, wenn man sehnsüchtig aus der Niederung nach seinen fernen Zacken schaut.

Die Alpen starren noch in weißem Glanz, aber ihr Vorland ist erwacht. Der Rasen ist noch ziemlich kahl, aber in einzelne Sträuße, in Scharen zusammengedrängt, erheben sich von ihm die Kelche der himmelblauen Frühlings-Gentianen – ein Bild voll Lieblichkeit, um welches die Sommer- und Herbstreisenden kommen.

Nichts auf der Welt ist so schön blau wie ein Alpensee um Mittag, wenn ihn der Südwind aufwühlt, oder wie die Kelche dieser wundersamen Blüte. Bei ihrem Anblick, wenn die warme Sonne wieder scheint nach den vielen ingrimmigen Tagen und hoch oben die Lerchen singen, möchte man in der Tat die Erde für ein beseeltes Wesen halten, dessen Frühlingslust sich in lieblichen Gestaltungen äußert, deren Farbe schon an den Himmel gemahnt, welchen so viele Wesen jetzt in sich verspüren. –

Von Türkenfeld nach Greifenberg zieht sich ein sehr anmutiger Waldweg.

In diesem Wald, welcher in mancher seiner Erscheinungen schon die Voralpen-Natur zeigt, von welcher in diesem Abschnitt ausführlicher die Rede sein wird, regt sich der Lenz.

Die Haufen von Fichtenzapfen, die, von den winterlichen Niederschlägen und dem kaum hinweggeschmolzenen Schnee noch feucht, auf dem Boden herumliegen, hauchen jetzt in der heißen Sonne ihren eigentümlichen Duft aus. Zwischen den Fichten und Tannen stehen hier überall Buchen, deren Knospen sich noch nicht erschlossen haben, und der Fuß raschelt of in ihrem dürren Laube.

Auch der Waldboden ist voll Blumen. Anemonen und Gentianen ragen aus den gelben, modrigen Blättern. Hier, wo schon die Moorbildung der Alpen-Vorlande beginnt, befindet sich auch in mancher Mulde des Waldbodens ein klarer Tümpel – aus welchem ohrenbetäubendes Frosch-Geschrei Frühlingsbotschaft bringt und in dem wunderschön grünes Schilf hoch aufgesproßt ist – das einzige schon wirkliche Lenzgrün in dem eben erwachenden Wald.

Durch die Schläge eröffnen sich Fernblicke auf fern dunkelnde Wälder, die Vorstaffeln des Hochgebirges, welches sich blau und silbern über dieselben erhebt. An den kahlen Buchen und Eichen hängen Misteln, deren fahles krankes Gelbgrün gegen das Saftgrün des jungen Schilfes in den klaren Tümpeln absticht.

Neben den Gangsteigen und am Rande der Hohlwege stehen hier sehr häufig grau oder rot bemalte Bretter, die sogenannten »Leichbretter«. Dieselben sind, wie wir bei Beschreibung der Gegend um den Hochfilzen-Paß gesehen haben, vornehmlich im Pinzgau gebräuchlich, sie kommen aber auch in diesen westlichen Gebieten des Alpenvorlandes ziemlich häufig vor. Es sind »Marterln«,

nur mit dem Unterschied, daß sie nicht für jemanden gelten, welcher hier oder dort einen jähen, gewaltsamen Tod gefunden, sondern ihre Inschriften fordern zum Gebet für den und jenen auf, welcher friedlich in seinem Bette entschlafen ist. Meist befinden sich darunter auch Verse oder Bibelstellen, welche sich auf die »vier letzten Dinge«, insbesondere auf das Fegefeuer beziehen. Die dürren Blätter der Zweige, die über sie hereinhängen, stimmen gut zu den Leichbrettern, nicht aber das Frühlingslied der Amsel, welche neben ihnen verborgen singt.

Jenseits des Sees fällt über der Einöde der Forste, die sich vom Gestade bis zum Gipfel des Hügels hinaufziehen, die Kirche von Andechs um so mehr in die Augen, als man sonst keine menschlichen Ansiedelungen am Gestade des Sees bemerkt.

Der Kirchturm von Andechs bietet eine wunderschöne Aussicht über jenes eigentümliche Gebiet, welches man Vorland der Alpen nennt. Es ist nicht mehr flach, kaum hügelig, und doch unterscheidet es sich sehr auffallend von der Ebene. Wer es niemals recht gesehen hat, vermöchte sich mit Hilfe der Einbildungskraft viel leichter eine Hochgebirgsgegend mit annähernder Treue vorzustellen, als dieses stille Gebiet mit seinen Waldschatten, den Moorgründen, in welchen ein großer Teil der grellfarbigen Flora des Hochgebirges sich angesiedelt hat, den klaren Tümpeln, den sumpfbraunen, trägen Wassern, den Ausblicken über weite Seebecken und auf die Schneefelder der Alpen, ein Gebiet voll eigentümlicher Schönheit, welche zu enträtseln und recht lieb zu gewinnen es aber eines anderen Auges bedarf als des Werkzeuges, mit welchem die Mehrzahl der Menschen ausgerüstet ist.

Andechs oder der »heilige Berg«, wird von der Legende hoch gefeiert und ist noch immer das Ziel zahlreicher Wallfahrten. Es ist dies begreiflich, wenn man sich die

Gnadenschätze vergegenwärtigt, welche er in sich birgt. Von nicht weniger als einer halben Million Heiliger ruhen die Knochen in seinem Inneren, und unter den kräftigen Reliquien befinden sich einige von den Silberlingen, um welche Judas den Herrn verriet, eine Haarlocke der heiligen Anna und sogar Milchtropfen aus der Brust Mariä. Man kann sich also nicht darüber verwundern, daß der Andrang ein bedeutender ist, um so mehr als das Erzeugnis des Bräuhauses weit und breit in der Gegend sich eines guten Rufes erfreut.

Es ist jetzt, zu Anfang des Maien, die Zeit, in welcher die Bauern ihre »Kreuzgänge« unternehmen, das heißt, unter Vorantragung eines Kreuzes sich in langem Zuge nach irgendeiner, oft mehrere Stunden entfernten Kirche begeben, um dort zuerst in die Kirche und dann ins Wirtshaus zu gehen. Es geschieht dies, um von den heranwachsenden Saaten die Schäden abzuwenden, welche der Sommer mit sich bringen kann. So begegnen auch uns die Insassen von Ober-Schondorf, die mit ihrem Kreuz nach dem drei Stunden entfernten Dießen pilgern, um von der heiligen Mechtildis, welche dort besonders verehrt wird, Schutz gegen den Hagel zu erflehen. Es wird berichtet, daß, seit diese Prozession eingeführt wurde, besagte Plage das Gefild von Schondorf verschont hat.

Es geht jetzt gegen Abend und je mehr die Sonne sinkt, desto mehr glänzt, von den schrägen Strahlen getroffen, die hohe, weiße Kirche von Andechs, die vorher in der dunstigen Luft des Maientages nur undeutlich zu sehen war. Hier erst erschließt sich überhaupt die bedeutungsvolle Schönheit dieser Landschaft: vor uns die lang hingegossene, große Flut des Ammersees, um uns herum buntfarbiges Moor und Tannenwald, in der Ferne aber, halb in Schleiern weißlich glitzernd, unsere alten Freunde: der Karwendel, der Wetterstein, die Zugspitze.

Herreninsel

Föhn am Chiemsee

Bei einem längeren Aufenthalt auf der Chiemsee-Insel (ich meine das waldige »Herren-Eiland«, nicht das von wenigen Häusern angefüllte Frauenwörth), den ich im Winter vor mehr als fünf Jahren nahm, hatte ich während meines täglichen Morgenspazierganges zur Pauls- und Ottosruhe, den wunderschönen Aussichtsplätzen über die Flut, vielfache Gelegenheit, das Treiben der Winde über den Bergen und auf dem Wasser zu beobachten.

Keine Frostdecke schloß die weite Wasserfläche. Wir hatten nicht notwendig, über verdächtiges Eis zu gehen, wenn wir ans »Festland« wollten. Die Flut wallte ungebändigt gegen die Binsen. Ende Januar »trieben« schon Frühlingsblumen in den Gärtchen der Häuser zwischen Prien und Stock und vom Winter waren es eigentlich nur die Nebel, die mich im hohen Tannensaal erinnerten, daß es um die Lichtmeßzeit war und nicht im naßkalten Sommer.

Oft wenn die Nebelwand draußen gegen das Ufer herzog, bleich wie die Birkenstämme am Wasserrand und

Fraueninsel

bald darauf, wenn alles in den schweren Dunst eingehüllt war, die Tropfen an den Ästen hingen – dann wieder ein lauer Windstoß dreinfuhr und die Berge auftauchten, schwarzblau und nahgerückt, daß man vermeinte, sie stiegen vom Südufer des Sees gerade herauf, da dachte ich an das Walten der seltsamsten Natur-Erscheinung in unsern Bergen und ihrem Vorland, das Hereinbrechen des Südwindes, der im Zauberschlag Winter zu Frühling macht, der in die Ordnung der Jahreszeiten eingreift, der unsere Seen aufwühlt wie das Mittelmeer, der die weißen

Gipfel ihres reinen Gewandes entkleidet, der den Donner der Gießbäche entfesselt und vor dessen Hauch die Lawinen in die Tiefe stäuben.

Einige Jahre vorher hatte ich am nämlichen Tage die Leute zu Fuß nach der Frauen-Insel begleiten können, wohin sie in die Kirche gingen, einen Spazierstock in der Hand, ruhig über das mit geringem Schnee angestreute Eis hinpilgernd. Heute sah ich die Kirchleute zwischen hohen mit Schaum überrieselten Wellenbergen auf dem »Einbaum« zurückkehren. Wer hatte diesen Unterschied

Chiemseelandschaft

bewirkt? Der Südwind.

Es ist kein Wunder, wenn in der Sage unserer Bergbewohner dieser Zauberer als ein wunderliches Ungetüm bezeichnet wird. »Diese Nacht wird der Wolf den Schnee fressen«, heißt es in manchem Alpental. Kein Wunder, wenn man bedenkt, daß sich die Luft, wenn das Ungetüm hereinbricht, vor seinem Hauch um zwanzig und noch mehr Grad des Wärmemessers erhitzt – wenn man weiter bedenkt, daß er um Mitternacht nicht kälter weht als um Mittag.

Schon gestern oder vor zwei Tagen (nehmen wir an, es habe noch große Kälte geherrscht) bedeckte sich der Südhimmel, vom prächtigsten Sonnenschein durchglänzt, mit großen milchweißen Wolkenstreifen. Sie verschwanden ab und zu, aber sie kamen wieder, breiter und länger. Unter ihnen veränderte sich die Farbe der fernen Berge allmählich von duftigem Lichtblau in einen schwärzlichen Ton. Taleinsenkungen, Klüfte, Hervorragungen, welche vorhin nur durch das Fernrohr sichtbar waren, erkennt man nunmehr deutlich mit freiem Auge. Doch ist in der Luft noch keine Veränderung zu verspüren. Pulverig liegt der Schnee in der Kälte da, nichts regt sich.

Einige Stunden später dünkt es uns, wenn wir draußen herumgehen, mit einem Mal, als ob uns ein heißer Hauch angeweht hätte. Ehe wir uns der Empfindung recht bewußt werden, ist sie wieder entschwunden. Wir sind geneigt, sie für eine Täuschung zu halten, für irgendeine Wallung unseres Blutes – denn es ist kalt rings um uns her, der Schnee kracht unter unseren Tritten und in der Nähe befindet sich keine menschliche Wohnung, keine Flamme, von welcher ein plötzlicher Windstoß den Brodem zu uns hätte herübertragen können.

Es vergeht eine kurze Weile und abermals – es kann keine Täuschung mehr sein – schlägt es uns wie von einer

Lohe her entgegen. Wir haben ein Gefühl wie derjenige, der in einer Badewanne, in welcher aus zwei Hähnen kaltes und heißes Wasser einlaufen, seine Hand rasch von einer kalten in eine warme Wasserschicht emportaucht.

Dieses stoßweise Auftreten verkündet den herannahenden Südwind. Es bedeutet den Kampf, den er mit den kälteren Luftlagen noch durchzufechten hat, bis er Herr geworden ist. Der Kampf kann lange dauern, mehr als einen Tag, er kann auch mit dem Siege der kalten Luftströmung enden – das ist aber der unwahrscheinlichere Fall. Auch das Volk weiß, daß, wenn Luftströme von so verschiedenartiger Wärme durcheinander gemengt sich bewegen, »dem Wetter nicht mehr zu trauen sei.«

In der Tat wird man nach einiger Zeit meistens einen brühwarmen Sturm verspüren. Ich will nur die Wärme erwähnen, mit welcher der Luftstrom aufzutreten pflegt. Dieselbe ist von den Sonnenstrahlen so gut wie unabhängig. Sie kann einen Herbsttag zum heißesten des ganzen Jahres machen. Es ist im Schatten nicht kühler als in der Sonne. Es wird am Rande unserer Alpen so heiß wie in Lissabon, die Wellen des Sees gehen hoch, er gleicht einem ultramarinblauen, nach allen Seiten hin zerwühlten und zerklüfteten Gletscher.

Allgemein ist der Glaube – und ich kann denselben aus einer langen Erfahrung bestätigen –, daß dem Wüten dieses heißen Stromes unfehlbar ein Niederschlag, je nach der Jahreszeit Regen oder Schnee folgen müsse.

Dieser Glaube ist in folgendem Schweizer Verse ausgesprochen:

Der Föhn
Macht schön,
Wenn er vergaht
Fällt er ins Kath (Koth).

Chiemseelandschaft

Das Königshaus auf dem Schachen

Nirgends in den Alpen, als in der *Mittenwalder Gegend*, gelangt man auf *Fahrwegen* zu Höhen, auf welchen der Baumwuchs aufhört. Diese günstige Wirkung zufällig zusammentreffender Umstände kommt auch Damen zugut, die gerne nach der Vereins-, der Wettersteinalpe oder dem Schachen sich aufmachen, weil die Wege geebnet sind und man insbesondere nach dem Schachen, der doch siebzehnhundert Meter über dem Meer steht, in Zeugstiefelchen und wie auf einem Spaziergang gelangen kann. *So leicht ist es nirgendwo gemacht*, in Abgründe von mehreren tausend Fuß Tiefe, auf Eisansammlungen und in die Werkstätten der Natur, in welchen die Flüsse geschaffen werden, hineinzuschauen.

Die merkwürdigste und zudem noch am allerleichtesten zugängliche der Höhen um Mittenwald ist diejenige, auf welcher das Schlößchen Schachen, das Königshaus, 5500 Pariser Fuß über dem Meer steht.

An einem Junitag wandeln Wolken und Lichter durch den wechselvollen Himmel und über die hochblühende Erde. Der graue Wettersteinkalk schaut wie verklärt durch die Nebel, welche zäh an ihm herumschweben. Sie verhalten sich zu Wolken wie Gaze zum Segeltuch. Unten am Wasserfall des Lainbaches scheint ein Freudenfest gefeiert zu werden – so brennen die Kelche der Alpenrosen und der Heckenrosen an den Hängen.

Der Lautersee ist ein Spiegel. Am Rande erscheinen umgekehrte Tannen, dann Berge, dann die schier unbeweglichen Wolken. Nur die Wiesenbäche, die von hier und dort in ihn hineinfließen, unterbrechen die Ruhe und stören an mancher Stelle des hellgrünen Randes jenen dreifältigen Spiegelstreifen der ragenden und schwebenden Umgebung.

Bald aber nimmt der niedliche Paß, in welchem die Wasser zur Loisach abfließen, den Sinn in engere Umstrickung. Zwischen Legföhren in engem Kalkgang plätschert das Wasser, dem der Weg in der schmalen Klause bald rechts, bald links ausweichen muß. Überall grüne Einsamkeit. Es quillt vielfach auf – oft wallt es hart am Bachrand und vermengt den gurgelnd aufschießenden Strudel mit den durchschimmernden Wellen. Auch fehlt es in der anmutigen Wüstenei an frommen Tafeln, an Heiligenbildern, die an Fichten hängen nicht, und die Elmauer Familie hat sich gar auf einem grünschwellenden Hügel ein großes Votivbrett gestiftet.

Vom Plan der Elmau aus geht jener Weg zum Königshaus auf dem Schachen. Nach dreistündigem Spaziergang wird es erreicht. So sanft aber der Weg und so gemächlich das Ansteigen der Windungen, so bunt ist die Reihenfolge der Dinge, die sich dem Blick darstellen.

Die Elmau (Ulmenwasser) ist eine grüne Fläche, von einigen Häusern und einem Kirchlein belebt. Hier öffnet sich von Süden der Felsspalt, aus welchem der »Kalte Bach« herauskommt und durch welchen hindurch der erste Teil des Schachen-Weges gegen die Wetterstein-Schlüfte vordringt.

Abgesehen von dem Auffallenden der Landschaft wird der Ankömmling von dem Weg als solchem überrascht. Da sind nicht weiße Felssplitter verstreut, tiefe Furchen und Geleisspuren, holperige Hervorragungen oder bedrohliche Löcher: glatt gebohnt wie eine hauptstädtische Straße zieht er sich hinein und hinan. Mit einer Droschke könnte man die Alpe erreichen.

Solche Bequemlichkeit zieht die einen an, die anderen stößt sie ab. Als dem jungen bayerischen König das Reiten erlaubt war, zog er auf Pferdes Rücken auf die hohe Straße. Nunmehr befährt er sie mit einem niedrigen Wägelchen und dieser Veränderung mögen es die Bequemen verdanken, wenn sie ohne jegliche Beschwernis zu den Regionen der Gemse lustwandeln. Senkungen der Bodenwellen sind durch feste Unterbauten vermieden und ausgeglichen, mit Geländern ist schier Verschwendung getrieben worden. Es wiederholt sich der Schluchtenzug, der uns vorhin zwischen der Elmau und dem Ferchensee ergötzt hatte, aber um einige Oktaven wilder und alpenhafter. Manchmal beeilt sich ein schaumiger Seitenbach hereinzukommen – der stärkste davon, der schnurstracks aus dem Wetterstein herunterkommt, heißt »Zwieserl«, offenbar deshalb, weil bei seiner Einmündung mit ihm, der schier so stark wie der Hauptbach ist, derselbe sich zu »zwieseln«, zu »verzweien«, zu gabeln, oder wie man die Auseinanderlegung nennen mag, scheinen will. Diesem Zwiesel sagen die Bauern nach, daß er vor der Sommersonnenwende nicht erscheine. Wenn es so ist, so hängt sein Erscheinen mit der Füllung gewisser Höhlen im Kalkgebirge zusammen, die erst um diese Zeit von dem abtriefenden Schnee so reich werden, daß die Überfülle abquillt.

Beim Zwieserl wird der Wildbach verlassen und man steigt durch einsamen Tann bergauf.

Lange Zeit wandelt man in diesem fort. Duft des Mooses, des Harzes, des schwarz hervorschauenden Humus, in den die Straße hineingestochen worden ist – vereinzelter Vogelruf – Gesicker hellen Wassers auf den winzigen Wegsteinen – Brünnlein über Baumrinden tröpfelnd: solches umgibt den bequemen Alpensteiger und zwar so lange fort, bis er der Eintönigkeit des schattigen Hages, der ihn doch vor der Sonne schützt, schier überdrüssig werden will. Und doch kommt ihm der dichte Wald zu-

Wetterfichte

statten, denn er hindert ihn hinabzuschauen und bereitet ihm so das langweilige Dickicht eine Überraschung. Denn dort, wo es sich zu lichten beginnt, wird er die Höhe gewahr, zu welcher er, vom Wald umringt, schier unmerklich hinaufgekommen ist.

In verblauender Tiefe liegt das weiße Partenkirchen, wie heller Kalkschotter auf grüner Wiese.

Die Wettersteinalpe liegt in einem Hochkar und ist ein

so richtiges Alpenbild, wie nur je eines auf Leinwand zu sehen war. Unter Wolken und Zacken stehen ein weißes Haus und graue, steinbeschwerte Hütten auf grüner Au. Über den weißen Schneefeldern und Sandrissen grünen hier und dort noch Rasenflecke auf dem Geschrof, Gemsen erreichbar.

Heute war ein wolkenzügiger Tag, an welchem die obersten Wälder und Schrofen bald von dem jäh heraufdampfenden Brodem eingehüllt waren, bald im Sonnenglanz klar und in scharf abgegrenzten Linien herabschauten.

Unter einer gewaltigen Schirmtanne saß weiter droben ein mir bekannter Jäger und schaute in den Kampf der Dünste hinaus, aus welchem mitunter die Alpspitze emporschwebte.

Nachdem ich bei ihm Platz genommen hatte, deutete er auf die mit Krummholz bewachsenen Schrofen und begann eine Geschichte zu erzählen, so wild und gruslich wie die Schlünde, die vor uns klafften.

»Eines Tages«, so berichtete er, »stieg ich dort oben steil an. Schließlich geriet ich in das Dickicht der Legföhren. Dieselben hingen so über den jähen Hang, daß ich mich mit beiden Händen an ihren Stämmen und Ästen halten mußte, um nicht abzustürzen. Wie ich so hänge und nicht weiß, wohin im nächsten Augenblick den Fuß setzen, da knackt es neben mir. Eine Weile war mir's, als müßten mir die Sinne vergehen. Denn offenbar hat ein Ast den Hahn meines Gewehres gefaßt – und im nämlichen Augenblicke, in welchem ich mir darüber klar wurde, schiebt sich mir auch noch der Lauf gerade unter das Kinn. Noch ein Ruck und die größte Wahrscheinlichkeit ist, daß sich das Gewehr entladet und mir den Kopf mitten auseinander schießt. Lasse ich aber mit einer Hand das Krummholz los, um den Lauf rasch auf die Seite zu schieben, so ist die Wahrscheinlichkeit, daß ich sofort abstürze, nicht minder groß. Die Zeit, in der ich so da hing, kommt mir noch jetzt wie ein Jahr vor. Endlich überwog die Furcht vor dem Erschießen – ich machte mich mit einer Hand los und schlug das Rohr zurück. Da sah ich, daß alle Angst völlig umsonst gewesen war. Denn die Latschenzweige hatten den Hahn völlig in Ruhe gestellt. Im übrigen, wenn ich mich erschossen hätte, so wäre ich in jenem Gestrüpp wohl viele Jahre lang nicht gefunden worden.«

An solchen Orten gibt gern ein Gespräch das andere. So gerieten wir auf das Thema des Abstürzens. Bekanntlich sind die Auswaschungen, Gräben, Wände, kurz die Bodengestaltungen, welche das Genick bedrohen, im Dolomit- und Kalkgebirg vergleichsweise häufiger, als in den kristallinischen Zentral-Alpen. Darum mag der ganze Wetterstein- und Karwendelstock, sowie das Berchtesgadener Gebirge als ein Proberevier schwindelfreier Steiger angesehen werden. Trotzdem trifft der Tod mitunter den Gewandtesten.

Als wieder einmal die Alpspitze wie ein feuerflüssiger Kegel in der schroffen Beleuchtung des Nebelglitzerns über ein weißes Meer heraufkam, dachte der Jäger an das Höllental, das gerade hinter ihr liegt und von manchem schlimmen Steig an schier ungangbaren Wänden durchzogen wird.

»Der Sepp, mein Nebengehilfe«, sagte der Jäger, indem er sich die Pfeife wieder anzündete, »lebte heute noch, wenn er sich auf dem Steig, auf dem wir miteinander im Höllental gegangen sind, keine Steigeisen angebunden hätte. Ich weiß heut noch nicht, wie's zugegangen ist. Kurzum, ich sah ihn auf einmal in seine eigenen Eisen sich verwickeln, stolpern – dann schlug er mit den Händen um sich, um nach irgend etwas zu greifen, wie ein Mensch, der auf dem Glatteis ausrutscht. Aber es half nichts mehr. Zuerst gab es ein Geräusch, wie wenn ein Sandkarren ausgeleert würde – rrrr, dann ein Aufschlagen, platsch, platsch! Sepp ist verschwunden. Ich gehe zurück nach Hammersbach, hole Leute und ein langes Seil und lasse mich an dem Strick herunterseilen. Auch einen Sack hatte ich mitgenommen, weil es mir schon vorschwebte, was ich finden würde. Das erste, was ich von ihm entdeckte, waren Lunge und Leber, die auf einem Vorsprung lagen. Weiter unten traf ich auf Hautstreifen, einzelne Stücke des Bauches und abgeschundene Fleischfetzen. Ganz zuletzt erst sah ich den Leichnam. Ich mit dem Sack konnte nicht hinaufgezogen werden. So gab ich denn zuerst das Zeichen zum Aufziehen des Sakkes. Während dieser hinaufgezogen wurde, mußte ich auf dem schmalen Vorsprung stehen bleiben, bis das Seil wieder zurückkam. Jene Viertelstunde bleibt mir auch unvergeßlich. Denn es fing an, vor mir zu schwindeln – ich sah den Toten wanken, Übelkeit und Angst überfielen mich, so daß ich mich fest auf den Boden hindrückte und an die Steine klammerte, weil es mir vorkam, als ginge der ganze Berg mit mir herum. Als ich wieder oben war, hätten sie mich nicht mehr hinuntergebracht, und wenn sie mir das Königreich Bayern geschenkt hätten.«

Der Alte schaute vergnügt darein, wie man es tut, wenn man sich überstandener Fährlichkeiten erinnert.

»Mit dem Hinabseilen hat es seine eigene Bewandtnis«, fuhr er fort. »Auch abgesehen von der gräßlichen Aufgabe, die mir damals gestellt war, ist das Schweben an einem Strick über Abgründen, deren Boden man nicht einmal sieht, nicht jedermanns Sache. Da fällt mir ein, wie mir's einmal drüben im hinteren Raintal ging, als sie mich zu einem Adlerhorst hinabseilten. Wenn einmal der Strick anfängt sich zu drehen, so vergeht einem leicht Gesicht und Gehör. Man hatte an den Strick ein Brettchen befestigt, auf dem ich sitzen konnte, und mir über den Kopf ein Holzdach gegen herabfallende Steine gegeben. Ich hielt im Horst dem jungen Adler ein rotes Sacktuch entgegen. In dieses verwickelte er sich mit dem Gewaff, so daß ich ihn leicht herausnahm. So weit war alles gut gegangen. Aber beim Wiederhinaufziehen, wo der Strick

gerade stramm angespannt war, konnten unter den vorspringenden Felsen meine Knie der Bewegung des Strikkes nicht rasch genug folgen. Auch ich ließ Hautfetzen an den Kanten zurück und langte mit blutüberlaufenen Füßen oben an. Auch hatten mir die Stricke die Brust fast zusammengedrückt, so daß ich wie ein Erstickender keuchte. Zudem hatte mich die Angst ergriffen, sie möchten sich vielleicht durch irgendeinen Ruck zu weit abwärts schieben, wodurch für mich die Gefahr des Überkippens entstanden wäre. Ja, es ist eine kitzlige Geschichte mit dem Abseilen!«

Wir plauderten noch das eine und andere über die Gefährlichkeiten der grauen Mauern, an deren Fuß wir uns befanden. Dann verließ ich den erinnerungsreichen Jäger, der seine Pfeife unter der zweigabeligen Fichte fortrauchte und wohl manches Bild vor sich noch vorübergehen ließ, das gleich den Nebelhaufen um die hohen Zacken zerrann.

Am hellfarbigsten glänzten die Matten oben unter Sonnenlichtern, welche von einer Nebelhaube gleich dem Schirm einer Lampe gerade auf einem Fleck zusammengedrängt waren. Solchem Schimmer gegenüber schienen die grünen Fichten völlig schwarz.

Bald kam in dunkler Tiefe das Gehöft des Raintaler Bauern zum Vorschein und zugleich hoch über den Nebeln das Ettaler Mannl und die Firnfelder des Plattach. Über dem endlosen Waldwuchs der Abgründe entschleierten sich manchmal die Zinken um die Zugspitze.

Der Schachensee, den man endlich erreicht, läßt sich an einsamer Wildheit der Umgebung zwar nicht mit dem gegenüberliegenden, in den Felshang der Alpspitze eingebetteten Stuibensee zusammenstellen, doch haben seine jäh geneigten Ufer das Schaustück eines verwetterten Hochforstes, insbesondere eines arg zerzausten Zirbenwaldes voraus. So gewinnt der grasgrüne Wasserabgrund unter den Hochseen unserer Berge (er liegt immerhin seine 1670 Meter über dem Meer) einen hervorragenden Rang und malerische Bedeutung. An Reiz läßt sich nichts mit einem Zirbenwalde, der in einer Höhe von mehr als 5000 Pariser Fuß mit den Stürmen der Alpenwelt kämpft, vergleichen. Raubvögel durcheilen ihn mit abgemessenem kurzen Rufe. Jetzt im Brachmonat erhebt er sich über einem brennroten Boden, von den erschlossenen Kelchen der Alpenrosen geschmückt, in die wohlriechenden Nebel. Baumstümpfe, grau und mächtig wie Felsen, sind durch die lodernde Wildnis hin verstreut. Einige hundert Fuß über dem grünen, fichtenumstandenen See erhebt sich das Königshaus. Von dort kann man durch die Lücke, welche der Loisachfluß zwischen dem Ettaler Mannl und dem Heimgarten gebrochen hat, ins blaue Flachland bis zum Starnberger See und darüber hinaus schauen. Inwendig sind die Räume in einem Stil geschmückt, der dem eines maurischen Schlosses nachgebildet sein soll. Die Decke des Hauptsaales ist himmelblau bemalt und mit Gold und Sternen ausgestattet. Gemälde hat man ferne gehalten, weil jedes der Fenster ein Landschaftsbild von hoher Pracht ausschneidet. In der Mitte steht ein goldglänzender Springbrunnen, vom Halbmond überragt – auch ein großer Armleuchter trägt auf seiner Spitze den Halbmond. Den Glanz der Morgensonne im Schlafgemach brechen bemalte Fenster.

So steht dieses Haus auf hoher Warte, so hoch wie der Gipfel des Wendelstein, über der summenden Tiefe.

Das schönste Schaustück aber öffnet sich auf einem Punkt, der einige hundert Schritte weiter gegen Westen abliegt.

Dort ist ein Vorsprung, der lotrecht ins hintere Raintal abfällt. Rund umher steht die Wildpracht des gesamten Wetterstein-Gebirges. In den tiefsten Boden sind die zwei großen Smaragde oder Türkise der beiden »blauen Gumpen« eingefaßt, denn sie scheinen nach dem Wandel der Lichter von der schwindelnden Höhe aus betrachtet bald in dieser, bald in jener Farbe. Die Grasinseln, welche noch weiter im Felshintergrunde das Gestein unterbrechen, sind nicht schöner grün, als manchmal diese Ausweitungen der Partnach, der Wasserader.

Der Zugspitz-Ferner, die weißen Häuser an der Loisach, die Gumpen, die Wetterstein-Wände, die Schneefelder, der Sommer in der Tiefe und die Aprilblumen dieses verwitterten Bodens sind das Schauspiel, vom Lärm der tiefen Wasser mit endloser Melodie begleitet.

Prangertag und Hl. Blutfest

Zum »Heiligen Blut«-Fest wird allenthalben gescheuert, geputzt, geschmückt. Kinder holen Blumen aus dem Walde und Rasenstücke vom Berg-Abhang, Erwachsene schneiden im Wald junge Buchen ab und verwandeln die Dorfgasse in einen grünen Laubgang. Am Morgen eilen Mädchen, weiß gekleidet mit grünem Kranze auf dem Haar, zur Kirche. Die Alten wie die Jungen ziehen ihre schönsten Gewänder an und pilgern dem Glockenhall nach, der durch die frühlingsprangende Welt geht.

An einem solchen Morgen schritt ich von Seefeld gegen Mösern hin, einer kleinen Häusergruppe am Hang des Kalkgebirges, das hier steil zum grünen Inntal abfällt. Wegen der Erhebung über das genannte, gerade unter dem Hange ausgebreitete Tal, die ungefähr 1700 Par. Fuß beträgt, ist es als ob man auf einem ansehnlichen Berg stünde, und doch sind wir von Seefeld her ganz eben zu unserer Warte gelangt.

Auf dem Wege kommt man an einem Kirchlein vorüber, das einst rings von einem trüben See umflutet wurde, als dessen Überrest noch große Torflager hier den Waldgrund unterbrechen. In dieser Kirche ereignete sich in grauen Zeiten das Wunder, daß unser Herr vom Kreuze herab zu einer armen Bäuerin sprach – ein Wunder, das in Bildern dort dem Gedächtnis aufbewahrt wird.

Heute ist nicht der Tag, das zu betrachten, denn das einsame Heiligtum im Torfmoor ist voll von andächtigen Weibern, die sich gegen die Tür drängen und still beten. Draußen ist ein nachdenklicher Tag. Auf den verschneiten Giebeln wechseln Wolkenschatten und grelle Sonnenlichter, hier glänzt es blau, dort zieht sich's zwischen den Felsgraten gewitterähnlich zusammen.

Dort blitzt es auf – ein Krach und der Widerhall aus den Forsten antwortet: die Böller haben zu Seefeld auf dem Hügel den Triumph der Kirche zu verherrlichen begonnen. Weit wogt der Schall herum. In unserem Torfmoor aber vernehmen wir den Ruf des Kuckucks aus dem Walde und vielleicht das Blöken eines einsamen Rindes, welches am Waldsaum, dort wo der Steig neben den harzigen Scheitern sich hinzieht, besseres Gras aufsucht.

An den schwarzbraunen Torfgruben, in deren Tiefe sich buntfarbige Blütengeschlechter angesiedelt haben, stehen die Holzgerüste, auf denen die Stücke des verfilzten Rasens trocknen. Doch keine Seele weit und breit, die arbeitenden Hände feiern. Auch die armen Menschen, die hier im Moor sich das tägliche Brot erwerben, stehen in der Kirche oder gehen mit dem Festzug zwischen Laub und Blumen. In dieser Verlassenheit sind es vorzüglich die Blumen, welche unsere Aufmerksamkeit anziehen. Das ist jene Schönheit des Berglandes, welche dem größten Teil der Fremdlinge, die hereinkommen, unbekannt bleibt. Denn in späteren Wochen und Monden ist das alles verschwunden. Die mehlige Primel, die stiellose Silene und der stiellose Enzian färben weite Strecken.

Nun sind wir endlich an einer kleinen, aber guten Schenke vorüber, der ich vor Zeiten den Namen und das Schild zum »Schönen Inntal« gegeben habe, und zu dem Hügel gelangt, von welchem aus wir Überschau über den Pomp des Frühsommerfestes gewinnen wollen. Dort öffnet sich dem Blick ein weites Gebiet. Von den westlichen Höhen an, die aus Paznaun und dem Lechtal aufragen, bis zum Mittelgebirge Innsbrucks, liegt das sommergrüne Land da. Man erkennt den Aufbau eines beträchtlichen Teiles der Berggerüste von Nord-Tirol. Und in der Mulde, welche das Kalk- vom Schiefer-Gebirge trennt, fließt der Strom der siebzig Gletscher, der Inn.

Unter den wolkenumzogenen Bergen summen die Festglocken von vielen Ortschaften, deren Kirchtürme vor unseren Augen im Grünen neben dem Fluß stehen, klein wie Spielwaren-Türmlein und geschnitzte Kurzweil. Ich nenne die stattlichen Ansiedlungen nicht, bleibe aber bei Telfs stehen, das ein hervorragender Ort, sich weiß aus Gärten hervorhebt und beim Zisterzienser-Stift Stams, von der Mutter des letzten Hohenstaufen zum Andenken an ihren schönen, von den Welschen ermordeten Sohn erbaut. Der Dörfer und Flecken sind wohl mehr als ein Dutzend, aber von diesen beiden hallen die Glokken am mächtigsten herauf.

Räumlich am nächsten liegt uns Flauerling zu Füßen, am Rande der Schlucht des Tonschiefergebirges gelegen, aus welcher der böse Kanzbach uns gerade gegenüber hervorbricht. Mit unserem Fernrohr sehen wir die Leute, wie sie auf dem schönen Wege zwischen den Obstgärten hinter roten und anderen golddurchwirkten Fahnen einhergehen. Wenn der Wind vom Tal heraufkommt, und hie und da erkennen wir das an der Bewegung der Lärchen-Ästchen und des Buchenlaubes gegen uns her, so erreichen die Töne der voranschreitenden Musik unsere Ohren, die sodann, wenn er wieder talwärts zurückflutet, schier unhörbar verhallt. Wir sehen so deutlich hinab, daß wir die Täfelchen sehen, die an der Kirchhofs-Mauer manchem Verstorbenen gewidmet sind. Um die Mauer, welche den Toten-Acker umgibt, wimmelt es von Lebendigen. Am lustigsten ist aber der Anblick des Zuges, der teilweise immer wieder hinter den Kronen der Obstbäume verschwindet, die heitere Weise der Musik und das einfallende Gewirbel der Trommeln.

Auch in Telfs ist der festliche Zug zu unterscheiden, ebenso zu Pettnau und Pfaffenhofen, während von vielen anderen Orten nur die gegen die Kalkwände heraufhal-

Bei Innsbruck

lenden Glocken das Fest verkünden. Am lautesten aber bezeugen die Böller den Feiertag – denn das weite, unabsehbare Tal hinauf, durch welches der Gletscherstrom herabkommt, schwirrt es von Dröhnen und Gegendröhnen und über mancher Föhrengruppe quillt blauer Rauch auf. Unsere Flauerlinger da unten, welche eben das vierte »Evangelium« hören, vernehmen den Widerhall ihrer Böller aus der Schlucht, welche der Kanzbach in ihren Berg gerissen hat. Man sieht aus der Erhöhung des Bettes, in welchem er rasch zum Inn hinabschießt, wie viel Gestein nach und nach von ihm aus jener Falte mit herausgerissen worden ist. Dort unten irgendwo steht auch, wie ich mich aus früheren Wanderungen erinnere, ein Marterl von einem Wildheuer, der »sich in jener Klamm den Schinken gebrochen« hat.

Schlanders

Mitunter summt es aus der Ferne wie Kanonenschläge – vielleicht wird in der nahen Landeshauptstadt die Feier mit Entladungen aus gröberem Geschütz begleitet. Hier oben aber ist es so ruhig, daß man von entlegenen Hängen her die Grillen vernimmt und das leise Rauschen der Lärchen in der Nähe, die vor den Föhren in ihren jungen Nadeln so licht dastehen, als ob nur auf sie die Sonne schiene.

Im übrigen fesselten auch die Schauspiele den Blick, welche der hohe Himmel und die in ihn hineinragenden Hochgipfel gaben. Vom Tschürgant her, dem hohen Kalkgipfel über Imst, bis zu uns und den noch weißen Jochen, jenseits deren die armen Ansiedlungen Ochsengarten und Kühtei auf winterlicher Au stehen, leuchtet es bald auf, bald verschwimmt es wieder in weißem Qualm.

Bald glänzt der Mundi neben uns im Silberblick, bald senkt sich das Gewölb selbst bis zu den Wäldern von Obsteig herab, von denen aus man zum schauerlichen Drachensee hinüber pilgert.

Man glaubt den Inn von Stams bis zu unseren Füßen jäh fallen zu sehen. Es ist aber nur eine Täuschung des Auges, welche uns aus der Entfernung jede helle Straße steiler vorspiegelt, als sie in Wirklichkeit ist. So wallt es um uns her in weiter Runde von Tönen und irrlichternden Farben, vom Fluß in seinen Erlenufern an bis zum unbestiegenen Grat. Und dann setzen wieder einmütig die vielen Glocken hell und dumpf ein und mahnen uns, daß all' diese Erscheinung so flüchtig ist wie der Regenschauer, der dort flatternd über einen sommergrünen Berg hereinhängt.

Holzknechtabenteuer im Werdenfelser Land

Zu jenen Wildnissen, über welchen die Dreitorspitze thront, gibt es von den beiden genannten Orten her keinen anderen Zugang, als eben durch die besagte Klamm, einen Felsschlund, der 200 Fuß tief in das Schiefergestein eingeschnitten und an vielen Stellen nur so breit ist, daß ein Springer darüber zu setzen vermöchte. Wohl ist auf dem südlichen Hochrand der Klamm ein Fahrweg angelegt worden, auf welchem man ins Raintal gelangt, aber von der Benutzung desselben zum Weiterschaffen des Holzes kann da keine Rede sein, wo ein reißendes Bergwasser zu Tal zieht und wohlfeil die ihm anvertrauten Frachten mitschleppt.

Die Bauern werfen also dort oben ihr Holz in die Partnach, auf der Partnach schwimmt es weiter und gelangt mit ihr in die Felsenengen. In den Felsenengen staut sich das Wasser und staut sich das Holz. Das erstere kämpft sich durch, das zweite türmt sich auf, von Nachzüglern gedrängt.

Wenn der Kuckuck im Bergwald singt und die blauen Gentianen auf den Wiesen stehen, das heißt im Mai und Brachmonat, da gehen die Förster im Walde umher und zeigen den Leuten das Holz, das ihnen zu schlagen erlaubt wird. Der Juli geht darüber hin, bis die Stämme zerkleinert, »gemacht« sind. Dann schafft man sie ans Wasser, ans Gestade der Partnach, wo sie vorerst in unregelmäßigen Stößen aufgeschichtet werden, bis der Stand des Flusses so günstig erscheint, daß man ihm die Fichten-Scheiter (Buchenholz ist nur sehr wenig darunter) anvertrauen will. Diejenigen, denen ihr Holz das Los im hohen Schachen- oder Stuibenwald zugewiesen hat, werfen es von dort herab. Die bekannten Prügelbahnen, Holzrissen, lohnen nicht der Mühe – die Scheiter kollern in einfachen »Würfen« zum Wasser herab.

Da in den Wellen der Partnach die Hölzer verschiedener Eigentümer vom ungeschulten Wasser gesetzwidrig durcheinander geworfen werden, so ist es notwendig, dieselben zu zeichnen. Das geschieht ohne Anstrengung der Einbildungskraft mittels eingehauener Striche, Kreuze, oft auch nur durch Rötel an den Schnittflächen, insbesondere bei Rundlingen. Es kommt vor, daß die Leute, denen das Holz gehört, durch andere Beschäftigungen abgehalten werden, sich gerade im Juli um das Zubereiten desselben zu kümmern und erst in den späteren Herbstmonaten dazu kommen zu hacken, zu sägen und abzuwerfen.

Als Regel gilt der Monat August für die Zeit zum Triften oder »Holzrennen«. Die Scheiterhaufen stehen, durch die Kunst der Fäller wohl gegen einander ausgezeichnet, am Rande des Bergstroms und warten auf die Reise kopfüber, durch Gischt und Strudel, die ihnen bevorsteht.

Die ordentliche Gelegenheit zum »Holzrennen« wird vom Wetter gegeben, wenn man ein allmähliches, sanftes Wachsen des Bergstromes bemerkt. Dann werden die Scheiter ins Wasser gestoßen und fort geht's – anfänglich ziemlich friedlich durch die Kies-Auen und Wald-Ufer des Rain-Tales, dann aber, wenn die Flut den Engen entgegenwirbelt, immer rascher, dichter aneinander gedrängt und oft umschlagend im Gewoge.

Endlich ist kein Platz mehr für ein Nebeneinander. Die Ufer, bisher Waldsaum, sind auf zwei Klafter Entfernung zusammengerückt und sind Wände geworden. Anfänglich schiebt noch ein Klotz den anderen, aber wenn der Klötze in den Windungen des Schiefers gar zu viele ge-

worden sind, so können sie nicht mehr weiter und verfallen der Trägheit.

Jetzt ist die Zeit der Männer gekommen, ihnen beizustehen.

Da soll einer hinabgelassen werden, um die festgesessenen Hölzer flott zu machen. Eine Schlinge wird ihm um den Leib gelegt. Er sitzt auf einem Prügel, der am Ende des Seiles als kurze Querstange befestigt ist. Auf dem Kopf hat er einen seichten Kübel von Holz, damit Steine, die abfallen, seinen Schädel nicht belästigen. Das Seil ist um einen Baum geschlungen und läuft nochmal über eine

Rolle, die an einem anderen Baumstamm befestigt ist. Während drei bis vier Genossen dasselbe vorsichtig ablassen, zurückgebeugt mit aller Kraft es hemmen, daß es von seiner Last nur Hand- um Handbreite in die Tiefe gezerrt wird, dreht sich, der Bewegung des Taues folgend, der Abfahrende, zugleich sein Griesbeil benützend.

Von oben herab sieht diese Hantierung so grob nicht aus, aber wir würden anders urteilen, wenn wir selbst in der Tiefe zwischen den Hölzern stünden. Schon das Herabseilenlassen erfordert einen sicheren Kopf, nicht minder aber auch der Donner des Wassers und der Blöcke, der dort unten viel betäubender hallt als nach oben hinauf, wo über den Rändern des Abgrundes die Brücke schwebt. Auch das Herumsteigen auf Scheitern, die über dem gestauten, wütenden Wasser schwanken, verlangt Mut. Nimmt man dazu die Dämmerung des tiefen Spaltes, worin nur ein schmaler Streifen Himmel sichtbar wird, so sieht man, daß Kaltblütigkeit hier an ihrem Orte ist.

Vor einigen Jahren ereignete es sich, daß einer von den Knechten, die in den Wassern des Abgrundes arbeiteten, des Abends beim Heraufziehen vergessen wurde, das Schreien half ihm nichts, weil das Geräusch des Wassers und des Holzes die Stimme erstickte. Er versuchte es in der Richtung gegen Raintal hin dem engen Abgrund zu entfliehen, vermochte es aber nicht, weil sich eine sehr tiefe Stelle vorfand, über welche er nicht hinüberkommen konnte. Von einem Entrinnen gegen Garmisch hin konnte noch weniger die Rede sein, weil er die ganze Klamm hätte durchwaten müssen und in der Dunkelheit sicher ertrunken, gegen die Wand geschleudert oder von Scheitern erdrückt worden wäre.

Als er so in dem quirlenden, von auf- und absteigenden Holzscheitern eingeengten Wasser sich herumtastete, geriet er einmal an einen Felsblock, der nahe an der Wand im Wasser lag. Dieser, an dem er sich mit beiden Händen halten konnte, bot ihm zwar Schutz gegen das reißende Wasser, aber es war doch ein unbequemer Zufluchtsort, weil gerade über diesen Block die Wand bedeutend überhängt und so denjenigen, der beim Blocke steht, nötigt, sich zu bücken. Als er deshalb den Block wieder loslassen wollte, fand es sich aber, daß links und rechts davon das Wasser im Grunde Tobel von solcher Tiefe ausgewaschen hatte, daß es über ihm zusammengeschlagen wäre und ihn erstickt hätte. Man sollte glauben, wo man hinfindet, von dort findet man auch wieder zurück. Das ist aber nicht immer wahr. Ich weiß aus eigener Erfahrung, daß ich von einem Felsstück, zu welchem ich beim Überschreiten eines wenig bedeutenden Bergflusses gekommen war und auf welchem ich einige Augenblicke ausruhte, nach keiner Richtung hin weiter kommen konnte und endlich durch zugeworfene Seile aus dem Schwall erlöst wurde. So fand auch dieser Knecht die Richtung nicht wieder, in welcher er hinter seinen Block geraten war und blieb bei ihm stehen. Die Nacht, während welcher er, den Block umhalsend bis an die Brust im Wasser gebückt, unter der Wand aushalten mußte, wird ihm lang geworden sein. Morgens endlich hörten die Leute von Mittel-Graseck sein Geschrei und schafften Hilfe herbei, so daß er in kläglicher Verfassung durch ein Seil hinaufgezogen wurde.

An der oberen Mühle bei der Partenkirchener Kohlstatt ist der Rechen in der Partnach, welcher die der Partnach entronnenen Hölzer aufhält. Dort stehen diejenigen, welchen das Holz gehört und geben auf die heranschwimmenden Hölzer obacht. Die Gewöhnung schärft ihren Blick und so erkennen sie gleich, ob das ankommende Scheit ihnen gehört oder nicht. Schwimmt Eigentum daher, so haben sie es blitzschnell mit dem Griesbeil erfaßt und werfen es auf den triefenden Haufen, der sich am Ufer ansammelt.

Der Winter blüht!

Bilder aus dem Partenkirchener Tal

Am schönsten ist im Partenkirchener Tal der Morgen, der Sonnen-Aufgang, insbesondere im Winter. Da strahlt es heller durch die reine Luft. Am grellsten werden von der emporsteigenden Sonne zu jener Jahreszeit die Zacken des Zugspitzstockes und der Daniel getroffen, der westlich als Pyramide über die »Törln« hereinschaut. Im ersten Strahl der Wintersonne scheint dieser Berg zuerst orangefarben, dann erblaßt er für eine Weile. Später kommt das Orange noch einmal auf der kalten Hülle zum Vorschein, bis er abermals ihre Farbe, blendendes Weiß, annimmt. Zuweilen, wenn Südwind oder Tauwetter bevorsteht, treibt die Göttin mit ihren Rosenfingern noch ein anderes Spiel. Dann wechseln gelbe Streifen und rote Feuerhaufen an den Bergen, um schließlich in dunstiges Mattgrau zu verfließen.

Kommt das Tauwetter über's Land, so dunkeln bald die Dächer im Markt und dem an weiß gewöhnten Auge sind die schwarzen Zweige der zahllosen Obstbäume im Markt wieder etwas Neues.

In die *Klamm* hinein ist im Winter ein Spaziergang, dessen Eindrücke sich nicht verwischen.

Nehmen wir die Glorie über der gleißenden Welt, unter dem tiefblauen Himmel, wenn die Landschaft tief mit Schnee bedeckt ist, der atlasfarben schillert, die Bäume mit Reif wie alte Fichten mit Baumbart behangen sind und der Wärmemesser fünfzehn Grad unter dem Eispunkt zeigt – so wirken die Äußerlichkeiten zusammen, um einen Gang in die Klamm zu einem Schaustück zu machen, welches sich wenige vorstellen können.

Aus der Schlucht weht der Wind noch eisiger, als draußen auf der Aue zwischen den Heustadeln oder am Erlengebüsch der Partnach.

Nur am Mittag scheint die Sonne wenige Augenblicke lang in den Abgrund herein. Dann glänzen die Eiswände, erstarrtes Wasser, das zur Tiefe sickern wollte, gelb wie Natrium-Flammen über der Dunkelheit des Schlundes. Nur am höchsten Eis, oben wo es sich über den Rand des Abgrundes herein wölbt, haftet dieser Schimmer. Das Übrige ist Dämmerung, aus der es hier und dort fahl hervorschaut.

Den nicht gar stattlichen Wald über der Tiefe haben die Schneewehen schier verschlungen. Und die Ufer des Wildwassers sind, soweit es die Dämmerung dort unten zu erblicken erlaubt, so breit mit morschem Eis bedeckt, daß nur eine kleine schwarze Gasse für das Wasser übrig bleibt, das knirschend in der Mitte seinen Weg sucht. Manchmal scheint es ungeduldig aufzubrüllen aus Wut, daß ihm auch das Eis noch seine Straße einzwängt, als ob es nicht genug an den Felsen wäre, von deren einer Wand zur anderen zu springen es hier und dort einem Waghalse wohl gelingen möchte.

Ein Blick in den winterlichen Wasser-Abgrund zeigt noch andere Bilder. Zuvörderst die Farben der oben über den Rand der Kluft hereingeschlagenen, hinabzüngelnden Eiswogen. Wenn das Natrium-Feuer auf den höchsten Rändern mit dem kurzen Sonnenschein verschwunden ist, dann bemerkt man die Abstufungen des Grau, des Grün und Blau der übereinander befestigten rundlichen Eiswülste. Früher höherer Wasserstand ist angedeutet durch Eisränder, die breit, am Felsen des Abgrundes angeklebt, hinaus hoch über dem schwarzen Bergstrom schweben. Gewaltiges Summen, Lärm aus nah und fern – Eishauch und nächtlicher Schauer.

Aus dieser Kluft steigt man nach *Graseck* empor, zum Försterhaus. Dabei taucht man aus der Dämmerung ins Sonnenlicht, aus der Kälte in wärmere Luft empor, in welcher der Reif-Anhang (der »Foam«, wie unsere Leute sagen) zersprüht.

Um Graseck herum werden am Abend eben jene Zakken wunderlich hellrot. Dann kommt die frostklare Nacht und der Mondschein, der schier blendet auf dem unabsehbaren Schnee der Bergwelt, in dünner, eisklirrender Luft. Dann ist es schön, nochmals in die Klamm hinabzusteigen, um den fahlen Eisschimmer, der dem kurzen Mittagsblick entgegenglänzte, nochmals und seltsamer unter dem Mond zu sehen.

In schmutzig trübem Dunsthof schaut er herein. Er dringt schier bis in den Abgrund mit seinem Licht, den die niedrige Sonne nicht aufhellen konnte. In der Nacht, der stillen, der bergstarren Frostwelt wird der Tageslärm des Wassers zum Donner. Die Brücke und die Felsen sind angestaubt vom Baum-»Foam«, den der Klamm-Wind weggenommen und darüber gestreut. Auf den schmalen Brücken, der oberen wie der unteren, auf welchen der Eindringling mitten über dem Schlunde schwebt, wirken Donner und Nacht am stärksten.

Da mag man sich die Mühsal der Holzknechte vergegenwärtigen, wenn sie im Abgrund »triften«.

Zu Partenkirchen und Garmisch gibt es nämlich Leute, welchen der Förster das Holz, das sie für ihr Hauswesen zu beziehen ein Recht haben, in den Waldungen anweist, die jenseits der malerischen Klamm gelegen sind. Im wipfelsummenden Hinter-Raintal, im Schachenwald, über welchem unweit der Schneegrenze am Rande grauer Schrofen der junge Bayernfürst in maurischer Villa haust, in der »Bodenlähn«, im Hagenrain und anderen wilden Orten stehen die Fichten, welche den Holzberechtigten bezeichnet werden, daß sie dieselben abschlagen und nach ihrem Gutdünken verwenden dürfen. So ist es überall in unseren Bergen: das Amt weist den Leuten das Holz an, das sie brauchen, und überläßt es ihnen, die Scheiter oder Stämme weiterzuschaffen.

Schmugglerromantik von ehedem

Vor wenigen Jahrzehnten noch war das wilde Wetterstein-Gebirge die Grenze zwischen Bayern und Tirol, der Schauplatz einer Art von Romantik, welche immer mehr und mehr ausstirbt. Noch finden diejenigen, welche von Mittenwald oder Partenkirchen aus in die erhabenen Einöden des Raintales, der oberen Leutasch, in die Felsenwüsten des Kalkgebirges vordringen, in ihren Reisehandbüchern an manchen Stellen angegeben, daß hier und dort ein Schwärzersteig über die steilen Joche führe. Solche finden sich zum Beispiel angegeben in einiger Entfernung von dem wunderbaren Wasser der blauen Gumpe, bei der Bockhütte, von wo früher die Schwärzer über die gewaltigen Schutthalden des Hundsstalles oder über die Wände, die sich zwischen dem Teufelsgrat oder den Raintaler Schrofen hinziehen, nach Tirol hinübergestiegen sind. Es gibt aber deren in Wirklichkeit noch viel mehr, als diese Bücher angeben.

Eines Tages befand ich mich in Gesellschaft eines alten Leutaschers, dessen Namen wegen der untenstehenden Geschichten der Mitwelt verschwiegen bleiben soll, bei der eben erwähnten Bockhütte, zu welcher wir über das sogenannte »Teufelsg'saß« herübergestiegen waren. Schon unterwegs hatte er mich auf verschiedene Stellen aufmerksam gemacht, die ihm aus der Zeit seiner Jugendabenteuer her im Gedächtnis geblieben waren. Doch die Anstrengung des scharfen Anstieges, den ich überhaupt nicht jedem empfehlen möchte, hemmte die Redseligkeit des nunmehr schon ziemlich bejahrten Burschen. Erst nachdem wir das Frauen-Alple im Rücken hatten, gewann er mehr Atem.

Als wir aber dort unten rasteten, wo das aus dem oberen Raintal kommende Wasser sich mit den Wellen der Partnach vermengt und der mitgebrachte Wein die Zunge löste, da wurden die alten Erinnerungen lebendig, nahmen Gestalt an und im Angesicht des eben überkletterten Felsgrates entstanden die Umrisse der Skizze, welche hier dem Leser vorgeführt wird.

Heutzutage wird deshalb nicht mehr über diese hohen Joche geschmuggelt, weil kein Zoll hoch genug ist, um durch dessen Ersparnis die Leute zu solcher Mühe und Lebensgefahr anzuspornen. Was man heute schmuggelt, geht meist an der Landstraße hin und besteht aus Kleinigkeiten, für die sich kein Mensch einem größeren Abenteuer unterzieht: einigen Päckchen Feigenkaffee, ein paar Kistchen Zigarren, einem Pack grobes Tuch, einem Fäßchen mittelmäßigen Tiroler Weines. Damals aber, als mein Leutascher noch jung war, gab es Zölle, die allerdings so hoch waren, daß sie die Lust am Gewinne herausforderten. Zu Mittenwald hat sich manches Haus, welches den Schmugglern ein sicheres Obdach bot, durch den damaligen Schleichhandel eine gewisse Wohlhabenheit erworben.

Vor allem waren es Seidenwaren, welche die bayerische Zollgesetzgebung mit einer unverhältnismäßigen Abgabe belastete. Diese Seidenwaren konnte man in dem mit Italien zusammenhängenden Tirol damals um die Hälfte von dem kaufen, was man in Bayern dafür zu zahlen hatte. – Auch die sechs Burschen, welche eines Tages vor etwa dreißig oder vierzig Jahren auf dem nämlichen Pfade heraufstiegen, den ich heute mit manchem heimlichen Ach- und Wehruf überklettert hatte, schleppten teure Seidenwaren mit sich.

Bald stiegen sie keuchend die jähen Wände an, bald rasteten sie und das nicht selten, denn eine solche Last schier lotrecht aufwärts zu schleppen, hält niemand lange aus. Wenn sie rasteten, entfernten sich immer zwei von ihnen und setzten sich in verschiedener Richtung nieder, um nach allen Seiten hin ausspähen zu können. Die anderen aber taten sich abwechslungsweise bei Speck, Brot, Branntwein und bei einem Pfeifchen Tabak gütlich. Die Gewehre, welche sie bei sich trugen, versteckten sie während einer Rast immer in den nächstgelegenen Büschen.

Die »Kropfglocken« – diesen Spitznamen führte damals mein Gewährsmann – besaß ein ziemlich gutes Fernrohr und schaute damit in die Richtung gegen die enge Schlucht des sogenannten Scharnitztales und darüber hinweg bis gegen die oberen Häuser der Leutasch hinab.

Manchmal kam es ihm wohl vor, als ob er einige verdächtige Gestalten hinter großen Steinen sich bewegen sehe. Er machte seine Genossen darauf aufmerksam, diese aber behaupteten, es sei eine Täuschung des Nebels, welcher in dunkeln Ballen über das feuchte Gestein hin und her zog. Im übrigen fühlten sie sich ein paar Zollwächtern gegenüber durch ihre Bewaffnung und Zahl vollständig sicher.

Über die steilen Schneehänge, die sie hüben wie drüben an- und abzusteigen hatten, ging es langsam, bedächtigen Schrittes Schritt für Schritt hinüber, denn nichts wäre für sie verderblicher gewesen, als wenn sie eine Lawine, wie man im Gebirge sagt, »angetreten« hätten.

Es wurde ihnen aber bald klar, daß dasjenige, was sie hinter den Steinblöcken sich hatten bewegen sehen, keine schwanken Nebelschatten gewesen waren. Denn plötzlich krachte es hervor und die Kropfglocken hatte zwei Schüsse im Leibe, den einen an der linken Hand, den andern am linken Fuß. Doch fühlte er sofort, daß kein Knochen zerschmettert war. Auch ein anderer Genosse, der »Duxer-Neuner«, blutete stark.

Doch derlei Abenteuer waren nichts Ungewöhnliches und das Benehmen der Schmuggler in einem solchen Falle vorgesehen. Sie liefen langsam in der nämlichen Reihenfolge, in welcher sie vorwärts geschritten waren, zurück, so daß der Vorderste der Letzte und der Hinterste der Erste wurde. Die beiden Verwundeten nahmen sie in die Mitte und führten sie so weit, bis sie außer Reichweite der vorhin abgeschossenen Gewehre waren. Dann erst wurden die Wunden untersucht, während sich zwei mit Gewehren hinter einigen Steinblöcken aufstellten, um die etwa herannahenden Zollwächter abzuhalten.

Die Wunden erwiesen sich als Streifschüsse und ziemlich ungefährlich. Sie wurden, so gut es ging, verbunden, dann aber Rat gehalten, was im Angesicht der drohenden Gefahr zu tun sei.

Die Schmuggler waren darin einig, daß sie verraten worden seien und zwar von ihrem eigenen Zuträger. Sie erinnerten sich, daß sie ihm den Botenlohn von dem letzten Gange her schuldig geblieben seien. Der Mann versuchte deshalb sein Glück mit den Zollwächtern.

Nach der Anzahl der Schüsse, welche auf sie abgefeuert worden waren, schien es, als ob die Zollwächter ihnen um das Doppelte überlegen seien. Es konnte also von einem weiteren Fortschreiten auf diesem Wege nicht mehr die Rede sein. Denn die Verwundeten waren nicht mehr kampffähig und so geschwächt konnten sie dem Trupp der Zöllner nicht gegenübertreten.

Nach ihrer Berechnung konnten die Feinde, welche vom gegenüberliegenden Hang aus geschossen hatten, vor etwa zwei Stunden nicht zur Stelle sein. Es wurde deshalb zwischen zwei Felsen unter vielen Schwierigkeiten ein Feuer angemacht. Die Verwundeten hatten einen Anfall von Schüttelfrost, es war von ihnen auch seit langer Zeit nichts Warmes mehr genossen worden und deshalb einige Pflege unumgänglich notwendig.

Mittlerweile wurde es dunkel, und die ausgestellte Wache meldete durch den nachgeahmten Schrei eines Raben, daß die Verfolger herannahten. Obwohl es schon dunkel war, bemerkten die Schmuggler doch, daß jene ihre Körper nicht einem möglichen Feuer aussetzten, sondern fortwährend springend hinter den Blöcken Deckung suchten.

Die Schmuggler hätten indessen, auch wenn sie sich frei gezeigt hätten, schwerlich darauf geschossen. Es war überhaupt nicht ihre Art, durch unnützes Blutvergießen Verfolgungen im größten Maßstabe auf sich zu ziehen. Als ihnen überdies nach einer weiteren Viertelstunde von ihrer Wache gemeldet wurde, daß die Zollwächter nicht mehr vorrückten, so vermuteten sie, daß jene am Ende ihres Mutes angelangt und gesonnen seien, für jetzt in gedeckter Stellung zu verbleiben.

Nach langer Beratung beschlossen sie, ihren Weg nunmehr auf der entgegengesetzten Seite fortzusetzen. Es war zwar um ein Beträchtliches weiter, auch mußte er durch tiefen Schnee gebahnt werden, aber es blieb ihnen in der Tat nichts anderes übrig, wenn sie nicht die teueren Waren und die Verwundeten zurücklassen wollten. Aber selbst wenn sie den schwierigen Gang auf dem Schneefeld versuchten, befanden sie sich deshalb doch nicht außerhalb der Gefahr feindlicher Kugeln. Denn es war nicht so dunkel, als daß sich die schwarzen Gestalten nicht deutlich von der weißen Fläche abgehoben haben würden. Um das zu vermeiden, zog jeder aus der Umhüllung, in der die Seidenwaren steckten, ein großes Leinentuch und zog es sich in der Art eines Plaids über den Leib. So waren sie alle weiß und konnten vom Schnee nur schwer unterschieden werden.

Ehe sie ihren Marsch antraten, wurde dem Feuer noch

eine Menge Nahrung zugeschleppt, damit die Grünröcke glauben sollten, sie blieben hier über Nacht und bereiteten ihnen einen Hinterhalt.

Zu einem Kampf hätten es die Verwegenen nicht mehr kommen lassen dürfen. Denn abgesehen von der Not, die sie mit den Verwundeten hatten, waren bei dem Schneewaten Munition und Gewehre naß und unbrauchbar geworden.

Das Entfliehen gelang ihnen, obwohl sie oft mit Sack und Pack tief in den Schnee hineinstürzten und darüber naß und starr wurden. Auch ging ihnen auf diesem Wege mancher notwendige Gegenstand verloren.

Endlich erreichten sie einen Talboden und luden in einem alten Bergmannsstollen den Inhalt ihrer Bündel ab. Obwohl ringsherum Schnee lag, hatten sie doch von einem Auffinden dieses Stollens durch unberufene Lauscher nichts zu fürchten. Man konnte ihre Spuren deshalb nicht entdecken, weil aus dem Stollen ein Wässerlein herausfloß, das niemals zufror, ringsherum auf mehrere Handbreit den Schnee wegleckte, keine verräterische Kruste trug und also die Schritte derjenigen, die in ihm selbst auf- und abwärts gingen, niemandem verriet.

Aber auch den Fall angenommen, es wäre ein Unkundiger in den finsteren Schacht hineingeraten, so wäre er ohne Zweifel entweder ertrunken oder über einen Absturz im Inneren hinabgefallen. Der Stollen zieht sich nämlich zuerst eben und waagrecht in den Berg hinein, endet aber an einem sehr tiefen und breiten Schacht, der ganz und gar mit Wasser ausgefüllt ist. Wer hier nicht Bescheid weiß, kann unmöglich darüber hinwegkommen. Seitwärts, an der Felsenwand, liegt etwa zwei Fuß unter dem Wasser versteckt ein an Ketten wohlbefestigter Baumstamm. Der Uneingeweihte sieht ihn nicht, wer ihn aber kennt, der vermag ganz gut auf ihm fortzuwaten.

Am anderen Ufer des Schachtes, welches einige Klafter weit entfernt ist, zieht sich der Stollen wieder weiter und zwar in eine sehr geräumige Höhle hinein. Diese Höhle ist vollkommen trocken, weil die aus dem Berg abtriefenden Wasser in dem Schacht ihr Bett gefunden haben. Die Höhle war also zum Aufbewahren der Packen um so mehr geeignet, als das Weiterschaffen von da in gesicherte Unterkunftsorte als eine Kleinigkeit betrachtet werden konnte.

Zu Füßen des Samerbergs

Die Ebene draußen ist durch Tauwetter längst vom Schnee befreit und die Palmkätzchen glänzen über dem frisch aufkeimenden Rasen. Da erscheint die Schneedekke, zuerst noch dünn und von der schwarzen Scholle durchdunkelt, dann immer mächtiger und mächtiger, so daß das ansteigende Hügelland selbst rundlich zusammengewehten Schneehaufen gleicht. Die eintönige Farbe läßt die höchsten Spitzen viel niedriger erscheinen und ein Berg, welcher, vom blauen Duft des Hochsommers verklärt, als ein Riesengebilde in die Wolken ragte, dünkt uns jetzt ein unbedeutender Felsklumpen.

In der Ebene bildete der Nadelwald überall dunkelgrüne Oasen in der fahlen Flur. Hier erblicken wir bald nichts Grünes mehr, als die raschen Fluten des Stromes. Denn der Schnee, welcher anfänglich nur klumpenweise sich hie und da zwischen den Zweigen hielt, überlagert bald den ganzen Baum, die Haufen aufgeschichteter Brennhölzer, die Brunnen und Hütten. Zusammengedrückte Zäune sind unter ihm vergraben und die lauten Krähen finden nur mehr auf hervorragenden Stangen einen Ruhepunkt.

Vollständig sind die bunten Farben der Berge verschwunden und nur der Stand der Sonne während der verschiedenen Zeiten des Tages vermag grelle, unheimliche Wechsel hervorzubringen. Der grüne Spiegel des Sees im Vorlande aber, in welchen sich unser Auge zur schönen Sommerszeit so gern versenkte, ist mit Eis bedeckt. Dieses erscheint hier von Schnee überlagert weiß, dort von Wasser durchtränkt grau, hier halb zerstört fast schwarz, dort, von der Sonne aufgeweicht, einem matten Zinkspiegel gleich.

So schaut es beispielsweise in den Inn-Auen, dort, wo man sich dem Gebirge nähert, in winterlicher Beleuchtung aus.

Unternehmen wir dagegen einen Sommergang längs des Nordrandes der »Panger Filze«, oder noch weiter nördlich zwischen Rosenheim und Aibling.

Hier ist Gelegenheit, die eigentümlichen Bilder des Vorlandes zu betrachten. Am angenehmsten dünkt uns ein Gang durch die Fluß-Auen der Mangfall an deren

südlichem Ufer. Geradlinig von Westen her kommt der Fluß des Tegernsees Rosenheim zugeströmt – ein Wasser von zwei gleichförmigen Mauern grüner Erlen wie von zwei künstlich gezogenen Hecken eingefaßt.

Weite Strecken sieht man da aufwärts, nichts als den Fluß und seine Uferhecken, den geradlinigen breiten Wasserstreifen und die ihn begleitende Baum-Einsäumung.

Goldig flittert die Luft, die Mangfall flüstert und der

Wendelstein ragt himmelfarben durch die Waldpforte.

Manchmal aber erscheinen im Auen-Dickicht offene, freie Anger ohne Wald-Hintergrund. Dieser kommt erst in weiter Ferne gegen die Alpen hin und seine Wipfel verschwimmen mit dem Ultramarin ihrer umdufteten Hänge. Der Wald löst sich in den Duft der Alpen auf.

Unter den Inntaler Sommerfrischen sollte Neubeuern, wenn es auf Schönheit der Landschaft ankäme, einen hervorragenden Platz einnehmen.

In die Ansiedlung selbst geht man durch ein Tor wie in einen Schloßhof hinein. Ringsum auf dem ansehnlichen Hügel, auf dem sie sich über den Inn und seine Auen erhebt, grünt ein Obstwald – im Herbst mit süßen Früchten geschmückt. Aus schattigem Park schaut der Turm des Schlosses. Ihm gegenüber erheben sich ganz nahe im Süden die waldigen Vorstufen der Alpen, während im Norden verblauend unabsehbar das Flachland sich ausbreitet, von zackigen Waldreihen und dem breiten Inn durchbrochen.

Von Neubeuern, wo Fruchtbäume, kleine Felsen, daraufgestellte Häuschen, Gärten und allgegenwärtiger Schatten dem Sommerfrischler auf seinen Spaziergängen die eine und andere Staffage vor dem Hintergrund des Gebirges oder des Flachlandes bieten, gehen Wege zum Chiemsee hinüber, reich an bunter Szenerie der Voralpen. Ein grünes Idyll neben dem andern, Verkörperungen von so vielem, was wir in unseren Gemäldesammlungen gesehen haben, stellt sich dem Wanderer dar, kommt ihm entgegen, folgt ihm, wird von seinem Aug' von den grünen Vorstufen der Berge abgehoben, wohin es sich auch wende. In der Trübung wolkiger Herbstschwüle stehen die Berge da. Schon beginnen die Buchenwälder, über welchen die grauen Schrofen aufragen, gelbrot (»fuxet«) zu werden und die Felder vor ihnen liegen schon seit

Brannenburger Bauer

Wochen umgebrochen mit umgewendeten Schollen da. An den Obstbäumen hängen noch Halme von den Strohwagen, die von der Dreschtenne heimfahren, die größte aller Herbstfrüchte, der Kürbis, liegt vor den Fenstern und auf den grün angestrichenen Bänken vor der Haustür. Auf dem Rasen nebenan stehen leere Fässer, der Füllung mit dem reifen Obst und der Reise nach Norden gewärtig.

Um Frasdorf herum zieht sich manche jähe Efeuschlucht durch die Hügelwellen des Waldes, dann kommen wieder Birnbäume auf offener Flur und gelbe Früchte im Rasen unter ihnen. Deutlich erhebt sich am Alpenrand eines der schönsten Schlösser unserer Vorlande: Hohenaschau. In der Nähe stehen Fichtenwälder wie graue, grün bedachte Wände anzusehen, weil die Stämme in der Richtung gegen uns her alle bis hoch hinauf, bis zum buschigen Wipfel zweiglos und kahl sind. Noch weiter hinten erhebt sich der »Kaiser«, von den nördlichen Kalkbergen einer der wildesten Züge. Nach Norden gewendet aber liegt schon eine tiefblaue Fläche vor uns: der weit wallende Chiemsee.

Drüben, am Achensee

Zum Achensee pilgern Tausende. In seinen Gasthäusern stellen sich Sommerfrischler ein, die von weit her, insbesondere auch aus der Hauptstadt des Kaiserstaates, gekommen sind. Viele langweilen sich dabei und nennen das Gewässer den »Achherrje-See« – denn außer Bergen, Wäldern und dem dunkelblauen Spiegel ist nichts zu sehen, – ein Mangel an Abwechslung, der dem gebildeten Großstädter bald als Gespenst mit hundert geschlossenen Augen naherückt.

Dieser See ist nicht eine neumodische Erfindung, gleich so viel anderen Gestaden des Landes. Bis ins Mittelalter hinauf reicht der Brauch, während der warmen Monate dort allerlei Lustbarkeit zu pflegen. Freilich waren es keine Professors-Witwen oder k. und k. Hofräte, die sich herumtrieben.

Man hat diesen See so oft beschrieben, daß es untunlich erscheint, bei der Ausmalung landschaftlicher Reize zu verweilen. Auch findet man Abbildungen in vielen Gaststuben, auf Deckeln von Bierkrügen, in Photographen-Läden und in sogenannten Kunsthandlungen, wo vom Bleisoldaten bis zum Heiligenbild alles, nur keine Kunst zu sehen ist. Man tut deshalb klüger, über der Flut die Phantasmagorie des Zeiten-Kaleidoskopes spielen zu lassen und dem Traume, buntwirren Zügen verwehter und gegenwärtiger Gestaltung, seinen Raum zu gönnen.

Gleich den Seen Italiens, an denen seit uralter Zeit große Verkehrswege vorüberziehen, dankt der Achensee seinen Ruhm der leichten Zugänglichkeit. Denn schon vor mehr als fünfhundert Jahren ließ Herzog Heinrich, der vom böhmischen König zum Herzog in Tirol abgehaut hatte, eine schöne Straße längs des Wasserabgrundes her-

Inntal

stellen, die freilich noch nicht so breit und plan sein mochte, daß sich Extra-Posten und Stellwagen darauf bewegen konnten, doch immerhin den klingelnden Saumtieren Pfad bot. Es wird viel von dem Nutzen berichtet, welchen allerlei Klöster und Märkte aus dieser Wohltat des Herzogs zogen. Denn die Mönche von Tegernsee mochten wohl fortan an der Fracht für roten Etschländerwein und das Öl aus Welschland einige Ersparnisse machen, auch für die Haller Salzsäcke weniger bezahlen. Desgleichen heißt es, daß die allbekannte Blüte der Ansiedlung Tölz von der Anlegung jener Straße her sich bemerkbar mache und es ihrer Wirkung zu danken sei, wenn der deutsche König Ludwig sie aus dem Dunkel unrühmlicher Dörfer zu dem Glanze eines Markt-Privilegiums emporhob.

Der Herzog Heinrich, welcher solches um eben die Zeit wirkte, in welcher der bayerische Ludwig und Friedrich der Schöne als herzliche Brüder ihre getreuen Völker sich mit Keulen und Morgensternen bearbeiten ließen, war ein guter Herr. Er baute den Tirolern Straßen, verschenkte eine Unzahl von Grundstücken und Schlössern, kam in den bösen Ruf, daß er niemandem etwas abschlagen könne.

Der ehemalige König mußte mitunter die Zeche schuldig bleiben. Selbst den Botenlohn konnte er manchmal nicht bezahlen. Man berichtet von lächerlichen Schulden, ja von Begegnungen, die souveräner Würde fast zur Unzierde gereichen, zum Beispiel von Metzgern zu Bozen, die den Landesfürsten so lange auf seinem Weg aufhielten, bis er seine Fleischrechnung bezahlt hatte. Dem braven Bürger Eberhard zu Innsbruck vermochte er die gereichten Fische und den Wein nicht zu bezahlen und verpfändete dafür den Zoll – kurzum, der gute Herr kam nie auf einen grünen Zweig.

Auch Schwaz genoß die Wohltat des neuen Weges und vergalt es den Achentalern durch das bewegte Leben, das von seinen Silbergruben aus zum Wald-Ufer des blauen Sees hinaufdrang. Da zogen Bergknappen und Fuhrwerke durch das Tal, die Fugger aus Augsburg ritten als Silberherren am See vorüber, wenn sie bei den tiefen Schatzgruben zu Schwaz nachschauen wollten, welche sie allgemach erworben hatten.

Heutzutage haust die gebildete Welt meist im Fürstenhause der Pertisau, welch' letztere einer grünen, weit in die Felsen hineintretenden Bucht des Sees gleicht – einer Grasbucht des blauen Wassers. Dort knüpft Überlieferung aus der Mitte des fünfzehnten Jahrhunderts an. Dem Herzog Sigmund, welcher eine schottische Gemahlin besaß, die Romane aus dem Französischen übersetzte, dem reichen und vielgeliebten Herzog verkaufte der Georgenberger Abt den ganzen See. Als dies geschehen war, erbaute sich der münzreiche Fürst dort das Haus mit einem Türmlein, von dessen Warte aus er sein blauwogendes Besitztum gern überschaute.

Am lustigsten ging es in diesem »Fischerhaus« (späterhin Fürstenhaus genannt) zu, als der Gemahl der Philippine Welserin, Erzherzog Ferdinand, es bewohnte. Da kamen Schiffsbaumeister aus Venedig und zimmerten eine Galeere zusammen, die »mit Panieren, Säulen und allerlei Gemälde trefflich wohl geziert war.«

Selbige Galeere, zu Hall gezimmert, schwamm den Innstrom abwärts bis Jenbach. Ein Seemann von Riva am Gardasee, dessen Namen die Geschichte überliefert hat, steuerte es auf den friedlichen Wellen.

So glitten die weißen Segel über die Flut. Echtes Nord-Alpenbild rings herum: graue Schrofen, grüner Nadelwald, stahlblaues Wasser. Flöten und welsche Geigen tönten gegen den Strand, sonnenglitzernde Regenstreifen

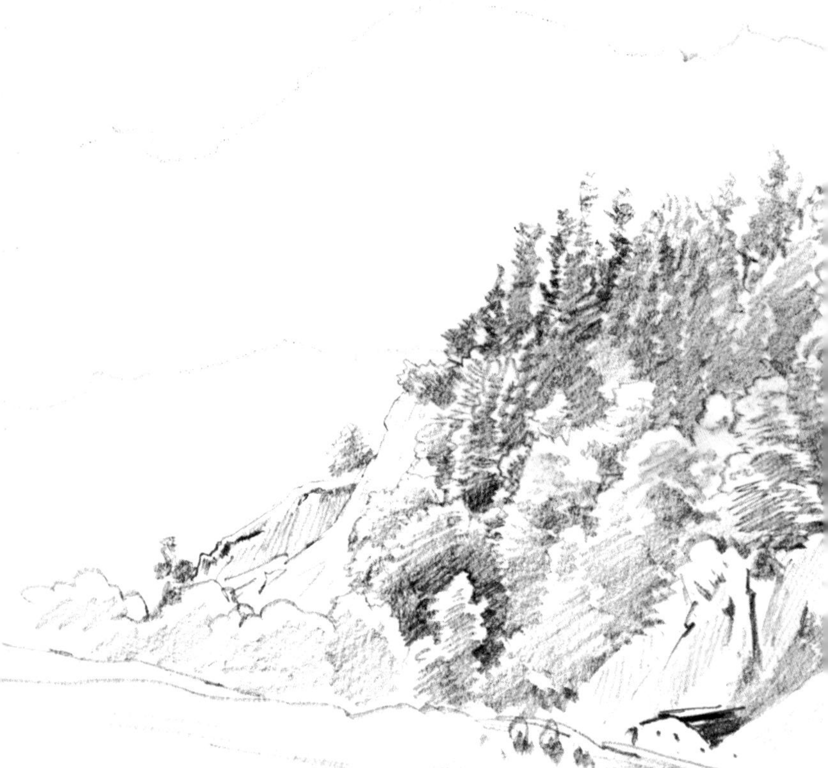
Wörgl

schlichen über den See und aus tieferem Forst scholl das Hifthorn.

Ein anderes Bild. Kommen wir zu den Raubtieren vergangener Jahrhunderte.

Im fünfzehnten Säkulum trieben sich noch eine Menge von Wölfen und Bären in den Wäldern am See umher. Im sechzehnten schenkte der Gemahl der erlauchten Claudia von Medici dem Abt von St. Georgenberg junge Wölfe. Auch von Wildsäuen wimmelte es im Bergforst.

So oft eine Umwälzung im Land vorging, ein Fürst starb oder überhaupt sich etwas Bedeutendes ereignete, was die Aufmerksamkeit der Oberen vornehmlich anzog, ermangelten die Bauern nicht, diese, sowie alle übrigen freien Vierfüßler des Waldes mit einem Vertilgungskrieg zu überziehen. Wenn Erzherzog Ferdinand sich bewogen fühlte, sämtlichen Hunden, die im Inntal sich bei ihren Herren aufhielten, je einen Vorderfuß abschlagen zu lassen, damit sie nicht jagten, so kam es dafür unmittelbar nach seinem Tode vor, daß binnen wenigen Tagen mancher Bauer achtzig bis hundert Rehe und Hirsche erlegte. Dann kamen geschärfte Verbote, Waffenwegnehmung und Landesverweisung, bis die nämlichen Auftritte sich bei geeigneter Gelegenheit wiederholten.

Der berühmteste aller Achensee-Jäger ist Kaiser Maximilian, der letzte Ritter, die Gestalt des Mythus von der Martinswand. Von diesem erzählt Sebastian Ruf, der verdienstvolle Chronist, daß er oft mit Armbrust und Stahlbogen bewaffnet, durch die Wälder des Achensees streifte. Wenn er – was späterhin von weniger ritterlichen Fürsten auf dem Königssee nachgeahmt wurde – das Wild in den See treiben ließ, unterhielt er sich, bis die Treiber ihr Geschäft verrichtet hatten, mit fischen und erlegte dann das gehetzte, furchtsame, im Wasser umherschwimmende Wild von einem Schiff aus.

Schon diesem Monarchen gefiel es besser im Gebirge, als bei den Staatsgeschäften in der Residenz. Ich weiß nicht, ob Räte und Minister ihm fortwährend dahin nachreisen mußten, aber Gesandte suchten ihn mitunter in seinen Wildnissen auf. So heißt es, daß einmal die Ambassadeurs von Spanien und Venedig nach Achental kamen, weil der Kaiser in seinem Innsbruck nicht zu erfragen war. Doch würde man sich irren, wenn man glaubte, daß er daselbst der Beschaulichkeit oder des brieflichen Verkehrs mit großen Geistern pflog. Dagegen zeugt Burglechner in seinem »Tiroler Adler«, wo zu lesen ist: »Maximilian hat im Achental wegen der großen Anzahl von Gemsen, so sich allda aufgehalten, viel Freud' und Lust gehabt, aber auch viel Gefahr ausgestanden.« Sodann werden schwindelerregende Abenteuer erzählt. Daß Maximilian in den zeitgenössischen Dichtern und den Werken der längst dahingegangenen Minnesänger des Landes, in Konrad Vintler's Poesien oder Oswald von Wolkenstein's Liedern gelesen habe, darüber verlautet gar nichts.

Aus der Geschichte des Achentales erfährt man auch, daß die Jagdhäuser und ähnliche romantische Einsiedeleien auf dem Hochgebirge kein ausschließliches Erzeugnis der zweiten Hälfte unseres Jahrhunderts sind. Schon Erzherzog Ferdinand hatte deren viele errichtet, sie und die Lusthäuser des grünen Gebirges verschwanden spurlos.

Den Fischen stellten die Achentaler Bauern ebenso emsig nach als dem Wilde. Die Klosterfischer, welche den Georgenberger Konvent mit Saiblingen und Renken zu versorgen hatten, kümmerten sich am wenigsten um wohlmeinende Vorschriften und Verbote. Alles half zusammen, um die Flossenträger auszurotten.

So wäre aus alten Zeiten noch manches von den Gestaden dieses Sees zu erzählen: von den aufständischen Bauern, die, lutherische Lieder singend, nach Bayern hinauszogen, um bei dem großen Bauernkriege mitzutun – von dem Streit der Tegernseer und Achentaler Jäger und endlich dem großen Erdbeben von Lissabon, während welches der Spiegel des Sees sich um vier Fuß senkte, so daß aller Abfluß aufhörte.

Wir setzen den Wanderstab längs des Abflusses in der Richtung gegen die Isar hin weiter.

Hier, wenn man vom Achensee zum »Fall« geht, nähert man sich den waldgrünen, durch Einsamkeit am meisten ausgezeichneten Gründen des Hochlandes.

Einen solchen Gang muß man zu der Zeit unternehmen, in welcher auf den Feldern der rote Mohn blüht, an Felsen die Alpenrose, und ahnungsvolles Wehen durch die sommersaftige Welt hingeht.

Schon duften im Inntal die Heuhaufen an den Hängen, schwere glänzende Wolken, welche der Herbst nicht kennt, wandern über die Höhen. Wasserfälle kommen herab, wo einige Monate später kaum die Steine angefeuchtet werden.

Eine feinere Tiroler-Herberge gibt es im Achental nicht, als die beim »Hintner«, eine ansehnliche Strecke von Achenkirch talabwärts, schön bemalt, reinlich gescheuert, mit Fernsicht auf die grünen Höhen und auf den blauen Schlund, in welchem der See wallt. Von dort gelangt man bald zum Hagen und von diesem auf Waldwegen, die auch Pferden und Fuhrwerk leicht gangbar sind, zum »Fall«.

Auf diesem Weg erblickt man grüne Klammen des zur Isar sich hinabzwängenden Flusses – das Wesen der Landschaft verdeutlichend begegnen dem Wanderer Holzknechte, denen Steigeisen über der Schulter klirren – Hirten, nach ihren Pfleglingen spähend und als ganz passendes Genrebild vielleicht Senner, die vor irgendeiner

Auf der Alm

der Hütten laut beten, wenn die Abendstunde gekommen ist.

Hier erzählte mir einmal, als ich Rast hielt, ein Jäger eine lustige Geschichte, die ihm in eben diesen Wäldern begegnet war.

»Alle Tage bemerkte ich die Spuren eines Hirsches, bekam aber den Hirsch, der ein starker sein mußte, niemals zu sehen. Eines Tages, als ich in eben dieser Hütte zukehrte, sagte mir der Senner, daß er seine Kühe täglich im Morgengrauen unter freiem Himmel melke und deshalb sein Melkgeschirr mit hinaus nehme. Da habe er zu seiner Überraschung entdeckt, daß sich der Hirsch unter das Hornvieh menge. Und richtig, so war's. Ich selbst kundschaftete den Hirsch mitten unter den Kühen aus. Auf was für einen Einfall kam ich da? Ich band mir eine

Kuhglocke um den Hals und ging damit in den Schlag. Am Tage darauf erschoß ich den Hirsch. Als ich die Geschichte dem Herrn Forstmeister erzählte, jagte er mich zornig aus seinem Büro, weil er glaubte, ich wolle mich über ihn lustig machen. Dann brachte ich ihm aber die Zeugen und er mußte es glauben.«

Ich kannte die Glaubwürdigkeit des Alten und bin von der Wahrheit dieser Geschichte überzeugt.

Dort, wo Gast- und Forsthaus zum »Fall« liegen und die Isar sich weiter nach Norden durch enge Waldschluchten durchzwängt, ist ein Mittelpunkt oberbayerischen Jagd- und Gebirgslebens. Nirgends hört man mehr Wildschützen-Geschichten als in diesen Engen und keine Gegend hat Malern und Bildnern solcher Dinge mehr Figuren und Vordergründe geliefert als diese.

Watzmann

Berchtesgadener Alpenpark

Das eigentlich Bezeichnende für die Berchtesgadener Landschaft ist der Wald. Man kann sie ohne weiteres einen Alpenpark nennen. Dergleichen sieht man nicht wieder von Savoyen bis zur ungarischen Ebene.

Vom Schwarzkopf bis zum Königssee und von dort über die Schönau nach Ramsau und Hirschbühel erstreckt sich ein vielfach von himmelblauen Bergwassern und schattigen Pfaden durchkreuzter Wald, der deshalb seinesgleichen nicht mehr hat, weil nirgends mehr durch

so dichte Wipfel blaudämmernde Berge, bleiche oder sonnenglühende Schrofen und reine Schneefelder scheinen. Besonders herrlich grünt in diesem schier endlosen Alpengarten der Ahorn. Für die Ahorn-Au des Ramsauer Bodens, durch welche die schnellen sonnenblitzenden Wasser eilen und über dem die schneefleckigen, himmelfarbenduftigen Felsen des Watzmann und Hochkaltern ragen, gebe ich alle Naturschönheiten von Hellas und Latium.

Wenn jemand, ohne Bergsteigen oder andere Mühe sich einen Begriff von diesem Alpenpark machen will, so gehe er vom Königssee über Unterstein nach der Ramsau.

Unerwartetes Leben

Zu der Bergwanderung, die wir nun antreten wollen, gehört guter Mut und Geduld. Du mußt weder glauben, mit leichter Mühe eine vor dir aufgetürmte Höhe hinauflaufen, noch darfst du verzweifeln, sie erreichen zu können, wenn dich die genannten Tugenden begleiten. Es ist eben ein Symbol einer anderen Wanderung, die du dir selbst leicht nennen kannst.

So stehen wir am Schreinbachfall, den wir vorher aus der Tiefe des Königssees betrachtet haben, mit leichtem Gepäck und rüstigem Fuß. Der Berg und der Wasserfall, der eine mit seinem Schatten, der andere mit seinem feuchten Wehen, schützen uns vor der Südsonne, gegen die wir hinansteigen. Unsern Durst zu löschen, rieselt es überall von Quellen, deren kurzer Lauf bald im Seespiegel sein Ende findet. Sie sind durch den ungeheuren Kalkstock vom Funtensee, der hoch oben am Tauern liegt, durchgeseiht und haben sich hier Ritzen gebrochen.

Eine Bergbesteigung hat ein direktes Ziel, das du aber fast nie im Auge hast, denn während der ganzen Wanderung beschäftigen dich näherliegende Spitzen, Platten, Wände, und selten siehst du ohne Unterbrechung auf den von dir angestrebten Gipfel hin, ehe du ihn beinahe schon mit dem Bergstock greifen kannst. Und wenn du ihn vorher siehst, so sei versichert, daß sich später wieder eine Menge Kulissen dazwischenschieben und daß sich noch Hindernisse zeigen werden, von denen du auf deinem Standpunkt keine Spur entdeckst. Da sind noch Joche zu überklettern, Wände zu umgehen, Felsenecken zu umbiegen – und dann wird sich dieselbe Täuschung und Enttäuschung noch einigemal wiederholen, bis dir die Sonne eine unter dem Gipfel ausgebreitete Welt zeigt.

Dem lärmenden Gewässer, das in vielen Staffeln sein steiniges Bett durch den Nadelwald reißt, entlang zieht sich unser Weg im dunkeln Grün hinauf. So oft die Fichten einen Rückblick zulassen, sehen wir den See hinter unserem Rücken, der ebenso in die Tiefe zu fallen scheint, wie seine schneeigen Wände an Größe zunehmen. Den Neuling wird das überraschen; er wird meinen, je höher, desto mehr würden die Berge von der Wirkung verlieren, die sie für den haben, der in der Tiefe steht. Es ist aber gerade umgekehrt; niemand wird sich einen Begriff von den Massen des Hochgebirges machen können, wenn er es nicht selbst versucht hat, stundenlang mühevoll in die Höhe zu klettern, und er dann den bestiegenen Berg selbst, wie die Nachbarberge, in ihrer Ausdehnung nach oben und unten viel gewaltiger sieht, als sie ihm unten vorgekommen sind.

Unter den Fichtenschlägen steht hie und da, in ungewohnter Höhe verirrt, der Vogelbeerbaum. Er mag den Steinhühnern und Schneefinken willkommene Nahrung bieten, wenn eine frühzeitige Schneedecke die Armen von ihren luftigen Gegenden herabtreibt.

Doch bald wird unsere Aufmerksamkeit von den Wänden, die aus dem See hinter uns herausschauen und den Bäumen, die sie uns zu häufig verstecken, abgelenkt. Wir haben eine Felsenterrasse erreicht, von der wir die uns sichtbar gewesenen obersten Stürze des Schreinbaches herabrinnen sahen, und nun, am Rand der Platte, scheint er plötzlich versiegt. Es ist eben da, wie im Kessel des Wimbachtales; der kleine See, der einst in dem engen Tal dieser Terrasse gebettet war, ist unter Geröll begraben und kommt erst wieder als Bach zum Vorschein, wo sein Wasser ein Gestein berührt, in dem es nicht mehr aufgesaugt wird. Die Schlucht dieses ehemaligen Hochalpensees ist öd; furchtbare Kalktrümmer zwingen dich zum

Eiskapelle am Königssee

Hin- und Herspringen auf den Zickzackwegen, die vom Viehtrieb und eingesenkten Wasser oft schwierig genug zu begehen sind. Nasses und trockenes Geröll, stehendes und rinnendes Wasser, abgeschurfte Felstrümmer und bemooste Blöcke, angeschwemmter Kies und aufgewühlter Felsboden zeigen dir, daß die Wasser, welche im zerschmetterten Gestein versickert liegen, nur der Speisung von oben bedürfen, um auch in dieser erschöpften kalkigen Scharte wieder einen fließenden Bach darzustellen. Es gibt nichts Rundes in solchen Hochgründen, wo ewige Wasser an den Gesteinen zehren; alles ist kantig, scharf und spitzig, und schneidet in die Sohlen, wie der eisige Wind ins Gesicht, der vom ewigen Schnee uns entgegenweht.

So siehst du bald den Bach, der mit den durstigen Mergel- und Kalkbrocken um sein Dasein kämpft; bald liegt er versteckt, von diesen festgehalten und ausgesaugt. Es ist bald offenes, bald ein dumpfes Rauschen, je nachdem die Wasser die Oberfläche oder den Geröllgrund dieses Bodens behaupten. Wo er zu Tage liegt, hat er ein vielarmiges Bett, oft von seinen eigenen Anschwemmungen in seichte Rinnsale zerteilt. So müssen wir ihn mehrmals auf Balken überschreiten, bis wir seinen Ursprung in den vielen Quellen entdeckt haben, die, von den oben liegenden Seen herabgerieselt, ihm die Sommermonate durch Nahrung geben. Es ist wohl sein Bett noch weit hinauf durch wild übereinander gestürztes Geschiebe und Felstrümmer kennbar, aber dieses wird er nur in den Lenzmonaten ausfüllen können, wo ihn der schmelzende Schnee noch weit die Berge hinan übersättigt, während die armseligen Quellen nur seinen Sturz vor dem Versiegen retten.

Noch immer stoßen wir unsere Sohlen und Knie in den eingezwängten Schluchten an Kalktrümmern, die in zahlloser Menge wie von monatelangem Regen hereingeregnet scheinen. Es müssen die Wasser da oft wüst und wild toben, daß sie solche Lasten über die Geröllanger werfen können. Doch wir dürfen den Atem nicht sparen, immer enger und steiler geht es weiter hinan.

Wieder über eine felsige Terrasse – eine breite Staffel, geht der fast unkenntliche Pfad zwischen Wänden und Trümmern. Endlich schaut in der Ferne etwas Tiefgraues über die hellgrauen Blöcke; ein blauer Rauch steigt davon in die Höhe; wir haben die Alpe Unterlahner vor uns.

Eine graue Alpenhütte, auf deren niedrigem Dach auch noch Blöcke liegen, ist oft aus der Menge der auf dem verwitterten Boden zerstreuten großen Trümmer in der Ferne kaum zu unterscheiden; um so freudiger ist die Überraschung, mit einem Male in der Wildnis unerwartetes Leben zu entdecken.

Der Gschwinder – der Gsünder!

Jäger und Wilderer im Berchtesgadener Land.

Wenn ich die vielen Geschichten durchgehe, die ich seinerzeit in Ramsau und Hintersee, in Bartholomä und auf der Gotzenalm, auf dem Hirschbühel und Herrenroint von Jägern gehört habe, so fällt mir immer wieder eine Gestalt ein, die jetzt noch unter die Lebenden gehört und die ich deshalb bei Niederlegung dieser Skizzen mit einem anderen Namen belegen will.

Der Seethaler war ein stämmiger Bursche, königlicher Jagdgehilfe, und die Wilderer sagten ihm nach, daß er »keinen guten rauche«. Auf der anderen Seite aber gibt es auch unter den Wilderern verwegenere Kerle als sonst überall im ganzen bayerischen Gebirge. Ein Wilderer von Hohenschwangau, Partenkirchen, Mittenwald ist ein armseliger Tropf gegen die Gestalten, welche von Zeit zu Zeit in dem endlosen Krieg des unberechtigten gegen den berechtigten Jäger auf den Bergen des Berchtesgadener Landes auftauchen.

Und gerade ein solcher war es, mit welchem der Seethaler einmal auf der Berchtesgadener Kirchweih in einem kleinen Wirtshaus zusammentraf.

Ich nenne den Feind des Seethaler kurzweg Hans und bemerke, daß er allgemein als ein »Mordskerl« galt. Die beiden wußten wohl, wessen sich der eine vom anderen zu versehen hatte, der Krieg war ohne Erklärung längst zwischen ihnen ausgebrochen und es bedurfte nur eines Funkens, um den Haß zur Lohe zu entflammen.

Als der Seethaler ins Wirtshaus trat – es war längst nicht mehr das erste, das er am heutigen Tage besucht hatte –, saß Hans an einem Tisch und zechte. Es ist Sitte, daß man eintretenden Bekannten »es bringt«, will sagen, daß man ihnen den Bierkrug zum Bescheid hinhält.

Wäre der Seethaler nüchtern gewesen, so hätte er ohne Zweifel das Anerbieten stillschweigend angenommen, erstens um nicht Veranlassung zu unnützen Händeln und zweitens um dem Hans kein vorzeitiges Warnungssignal zu geben.

Allein die Wirkung des geistigen Getränkes begünstigte eine bedenkliche Aufrichtigkeit. Die höfliche Einladung wurde mit der Frage beantwortet: »Meinst du, ich trink' von einem Lumpen?« Worauf der Hans sich beeilte zu sagen: »Du elendiger Jager, was sagst du da, was kannst du mir beweisen?«

»Meinst du, ich trink' von einem Lumpen?« war die mit erhobener Stimme gesprochene Antwort des Seethaler.

»Du Tropf, wie kannst du so etwas sagen?« entgegnete Hans.

»So, und an das denkst du vielleicht nimmer, wie ich dich vor vier Wochen droben am Trischübel abgelauert hab? Mich hast freilich nit gesehen – aber das sag' ich dir, wenn wir wieder einmal zusammenkommen, dann kenn' ich einen, der das Singen lernen soll!« schrie der Seethaler.

»Oh, du Taubenjager«, rief Hans, »da ist mir nit bang davor, gib nur Obacht, daß du nicht vor mir fertig wirst.«

»Du Lump«, brüllte der Seethaler im höchsten Zorn, »dich werd' ich treffen.«

Es stand Hans' Ansehen bei den Gästen auf dem Spiel, wenn er sich für das fortgesetzte Schimpfen des Seethaler nicht Genugtuung verschaffte. Er erhob sich deshalb rasch von seiner Bank, ergriff den Seethaler am Hals, schleifte ihn, nachdem er die Stubentür aufgerissen hatte, über die Schwelle und durch den Hausflur und warf ihn auf das Pflaster der Gasse, daß er auf der Nase lag.

Alles nahm für den Siegreichen Partei und verhöhnte den Jäger. Mit dem Rufe: »Das sollst du mir büßen!« entfernte sich dieser vom Schauplatz.

Einige Zeit später kam die Allerseelenwoche, die erste Woche des November. Diese wird von den Wildschützen gern zu Jagdausflügen benutzt. In ihren Augen gilt das Wild, welches von unberechtigten Gewalthabern als ausschließliches Eigentum beansprucht wird, als gemeines Eigentum des armen Volkes und deshalb beschützen die »armen Seelen« um diese Zeit das Wild und den Schützen vor den Jägern.

Hans versah sich mit Schroten und Kugeln, die er an Weihnachten gegossen, und mit einem Blindschleichkopf, den er, ebenfalls in der Absicht, damit seinen Schuß unfehlbar zu machen, zu sich gesteckt hatte.

Aber der Seethaler war seinem Versprechen nicht untreu geworden. Er lauerte an der Watzmann-Scharte. Und siehe da! Von seinem Felsversteck aus sah er, wie drei Wildschützen von dem großen Schneefeld der »Scharte« gerade auf ihn zugingen. Der hinterste von ihnen war der Hans. Der mittlere trug einen Gamsbock.

»Halt!« schrie er hinter seinem Felsen hervor.

Die Wilderer aber beantworteten die Aufforderung damit, daß sie ihre Gewehre erhoben.

Dem Seethaler war es nicht um das Warten zu tun. Er feuerte den ersten Lauf seines Doppelgewehres ab, und der mittlere der Wildschützen, derjenige, der den Gamsbock trug, stürzte tot zu Boden, nachdem eine Kugel seinen Hals durchrissen hatte.

Der zweite Schuß galt Hans. Dieser Lauf war mit Schrot geladen und das Blei tat seine Schuldigkeit. Einige Schrote schlugen ihm die Zähne aus, andere drangen in den Gaumen und in die Luftröhre.

Der Dritte entwischte.

Der Hans stürzte über einen Hang, der ein wenig mit Gras bewachsen war. Die Schmerzen marterten ihn unbeschreiblich, doch wollte er zu seinem gefallenen Kameraden hinkriechen um zu sehen, was aus ihm geworden war. Während dieses Kriechens aber überraschte ihn der Todeskampf.

Als nach zehn Stunden die vom Seethaler berufene Kommission hinaufkam, wurde er gefunden, wie er die Hand in seinen Zuckungen bis ans Gelenk in die Erde des Rasens hineingebohrt hatte. Seine Person wurde als solche erst erkannt, nachdem sie ihm den Ruß vom Gesicht abwuschen, mit welchem er sich als Wilderer unkenntlich gemacht hatte.

Nach dieser Tat entstand ein allgemeiner Schrei nach Rache. Acht Tage später hätte man an der nämlichen Stelle dreißig bewaffnete Wilderer sehen können, welche nicht auf Gemsen oder Hirsche, sondern auf denjenigen ausgingen, welcher über ihren Kameraden Hans einen so schmerzvollen Tod gebracht hatte.

Dieses Wild konnten sie indessen nicht mehr aufspüren, weil der Seethaler sofort in ein anderes Revier versetzt worden war.

Aber auch in diesem anderen Revier dauerte es nicht lange, bis man von seinen Heldentaten hörte.

Einige Zeit darauf saß er dort in einem Wirtshaus, als ein anwesender Bursch unter allerlei anzüglichen Redensarten ihn damit zu hänseln begann, daß er es gewesen sei, von welchem die Geschichte auf dem Watzmann erzählt werde.

»Und wenn's so ist, geht's dich vielleicht was an?« fuhr der Seethaler auf.

So gab ein Wort das andere, bis der Bursche, der sich ohne weiteres als Wildschütz bekannte, drei Bleikugeln

Wand Alm 64

aus seiner Tasche zog und sagte: »Unter den dreien wird wohl eine für dich sein!«

Und auf das hin schlugen sie einander in die Hand und wetteten, und der Wirt wurde als Zeuge ihrer Wette herbeigerufen.

Zwei Wochen später saß der Seethaler während der Kirchzeit an einem schönen Morgen draußen am Rande einer Lichtung und wartete auf einen Hirsch.

Die Glocken schollen eintönig herüber, und beim Anblick des Schlages, in welchem sich nichts regte, empfand der Seethaler eine Anwandlung von Langeweile. Da kam ihm der Gedanke: »Wie wär's jetzt, wenn der Tropf käme, mit dem ich gewettet habe?«

Und – kaum gedacht, da steigt einer über einen Zaun im Hag, die Schuhe hat er über die Achseln, damit ihn das Geknister zertretener Zweige oder das Rascheln des Laubes nicht verrate, das Gewehr in der Rechten – siehe da, es ist kein anderer als der Mann mit den drei Kugeln.

Ruhig ließ er ihn bis auf Schußweite nahe kommen, dann rief er: »Halt!« Und als der Wildschütze sofort auf den Ruf hin sein Gewehr erhob und sich umschaute, wohin er den Lauf zu richten habe, da scholl es ihm entgegen: »So, also da kommen mir zusammen?« und eine Kugel streckte den Wildschützen, indem sie ihm in die Stirne drang, tot nieder.

Der Seethaler ließ den Wilderer im offenen, sonnenbeschienenen Hag, in welchen die Kirchenglocken hereinsummten, liegen und ging fort, das Gericht in Kenntnis zu setzen. Er konnte es furchtlos tun, war doch sein Gegner nicht hinten, sondern vorne, in die Stirne getroffen worden, und das ist alles, was das Gesetz verlangt. Man schickte einen Gendarmen hinaus, der den Getöteten bewachen sollte, bis die gerichtliche Kommission ankäme, welche den Tatbestand zu erheben hat. Der Seethaler aber duldete nicht, daß sich der Hüter des Gesetzes allein in der Nähe des Getöteten aufhalte. Es ist bei nachlässiger Bewachung vorgekommen, daß Kameraden des Opfers das Gewehr wegnahmen und es durch eine Holzaxt ersetzten – ja, daß sie dem Leichnam Stellungen der eigentümlichsten Art gaben, um die Augen der Kommission zu täuschen und den Vorfall so hinzustellen, als sei der Getötete während irgendeiner friedlichen und sehr harmlosen Beschäftigung wehrlos ermordet worden.

So wachte der Seethaler mit dem Gendarmen die Nacht durch bei dem Toten. Die Kommission erschien, und durch das ärztliche Gutachten ging der Jäger frei aus.

Eine andere Geschichte, wobei ein Jäger als Opfer fiel, ist vielleicht deshalb merkwürdig, weil bis zum heutigen Tag Dunkel über der Tat liegt.

Auf der Regenalm über dem Königssee bleibt ein Jagdgehilfe oder auch mehrere meist bis tief in den Winter hinein zum Jagdschutz. Denn die Regenalm ist die »Mutter« der Jagd auf dieser ganzen Seite des Königssees.

Wenn's aber einmal tief in den Spätherbst hineinging, so wurde derjenige, der im Bürschhäusl die Wache hatte, in Zwischenräumen von je einer Woche abgelöst.

Eines Tages wurde der Wildbüchler, ein junger Jäger, hinaufgeschickt, um seinen Kameraden, den Klotz, droben abzulösen. Der Klotz wußte das, wartete aber nicht ab, bis der Wildbüchler heraufkam, sondern verließ die Hütte bevor die Ablösung kam, weil ihm sein Vorrat an Lebensmitteln bereits ausgegangen war. Zu gleicher Zeit befanden sich auf der Gotzental- und Seeaualm, an welcher man vorüberkommt, wenn man vom Kesselbach zur Gotzenalm emporsteigt, verschiedene Forstleute und Jagdgehilfen, welche beabsichtigten, noch am Abend zur Regenalm hinüberzugehen, dort die Nacht zuzubringen und am Morgen auf die Pirsch zu gehen.

Am Abend desselben Tages, an welchem der Wildbüchler auf der Regenalm eingetroffen sein sollte, machten sich diese bei eintretender Dunkelheit auf.

Zwei Jagdgehilfen gingen voraus, die anderen folgten in geringer Entfernung.

Als diese beiden in die Felsgegend des »Regner-Klamml« kamen, stieß der eine, ein gewisser Scherentanner, mit dem Fuße an einen Gegenstand auf dem Pfade. Da sich dieser weich anfühlte, so griff er in der Dunkelheit, indem er sich niederbeugte, mit der Hand darnach, er geriet mit den Fingern in Haare und über ein Gesicht.

»Herrgott, da liegt einer!« rief er.

Sofort steckte der andere einige Zündhölzchen an und bei dem Scheine derselben erkannten sie den Wildbüchler. Er lag auf dem Boden dahingestreckt, die Brust zeigte Blutflecken und eine Schußwunde. Der Kopf lag auf einem Steine, daneben Bergstecken und Gewehr, von welchem, wie es sich später zeigte, die beiden Läufe geladen waren. Neben ihm befand sich auch der Rucksack und über dem Gesicht lag zur Hälfte einer jener runden Jägerhüte, denen man wegen ihrer Ähnlichkeit mit einem gleichnamigen Waldschwamm die Bezeichnung »Täublinghut« gegeben hat.

Sofort erklärte der Scherentanner, daß er von dem Leichnam nicht fortgehe, sondern die ganze Nacht bei ihm wachen und so lange bleiben wolle, bis die Herren vom Gericht zur Stelle wären.

So geschah es auch. Der andere Jagdgehilfe stieg über die Kaunerwand hinab zum See, um Lärm zu machen, die beiden Förster aber gingen zur Regenalm hinauf. Dort fanden sie im Pirschhäusl die Spuren eines eiligen Aufbruches. Eine Schüssel stand da, noch halb voll Brennsuppe, und in einiger Entfernung lag der Löffel auf dem Tisch, wie in der Überraschung weggeworfen.

Die erste Untersuchung gab folgende Aufklärungen: Der herabsteigende Klotz war dem hinaufsteigenden Wildbüchler in der Nähe der Kauneralm begegnet. Später hatte ihn niemand mehr gesehen, wohl aber ein Holzknecht, der im Walde beschäftigt war, ungefähr eine Stunde nach diesem Zusammentreffen dreizehn Schüsse gehört.

Seltsamerweise fiel der erste Verdacht auf den einen und anderen Jagdgehilfen selbst. Es mochte sein, daß einer von ihnen Wild veruntreut hatte und sich den Wildbüchler als einen unbequemen Zeugen oder Angeber vom Halse schaffte. Auch der Scherentanner, der die Nacht über bei ihm wachte, geriet in Beargwöhnung. Derselbe hatte nämlich die beiden geladenen Läufe abgeschossen, um, wie er sagte, irgendein Unglück, das bei dem Herumgreifen an dem Gewehre sich ereignen konnte, zu verhüten. Die Argwöhnischen aber legten es ihm so aus, daß es geschehen sei, um den Glauben entstehen zu lassen, als habe der Wildbüchler zuerst geschossen.

Der Scherentanner war ein Trinker und hatte seinerzeit viele Zerwürfnisse mit dem Getöteten gehabt. Es traten Zeugen auf, welche erhärteten, derselbe habe einmal im berauschten Zustande geäußert, er werde den Wildbüchler gelegentlich erschießen.

Aber all dieses Gerede erwies sich als grundlos. Der Scherentanner wies nach, daß er die ganze Zeit über sich weit von dem Schauplatz der Untat aufgehalten habe und ebensowenig konnte der Argwohn gegenüber den anderen bestehen.

Die Leiche des Wildbüchler wurde von vier Holzknechten zum See hinabgetragen.

Herbstfarben

Bevor wir vom Kalkgebirge, dem wahren Jagdgarten der bayerisch-tirolischen Alpen, scheiden, wollen wir einige Bilder aus eben jener Jahreszeit uns vergegenwärtigen, in welcher die Jagdherren nach den grauen Schrofen und durch die tannigen Täler steigen.

Wie fast alle Jahreszeiten, so ist auch der Herbst im Hochlande schöner als draußen in der Ebene. Steigen wir von den Hochtälern der Alpen gegen Süden hinab in die Po-Ebene, an die Küsten des Mittelmeeres, so begegnen wir der Regenzeit, die mit dumpfer Schirokkoschwüle, Überschwemmungen, auf- und abziehenden Gewittern lästig fällt. Pilgern wir dagegen nach Norden der Donau zu, so geraten wir in Nebel, Kälte, traurige Herbststimmung.

Während dieser Zeit halten sich die lauen Luftströme in der Höhe. Von etwa dreitausend Fuß über dem Meer an blaut der Himmel und weht es mild in jener goldenen Glanzsättigung, wie sie das Gestirn des sinkenden Jahres ausgießt. Das ist die rechte Zeit der Jäger. Sie streifen oben durch die Legföhren, welche von schweren Tropfen flimmern, den Gemsen, Rehen, Hirschen nach. In der Tiefe zieht der Nebel und verhüllt ihm die Niederungen oder läßt sie nur in undeutlichem Farbengewirr verblaßt heraufscheinen. Da nehmen die Kalkschrofen bald, von der Sonne beschienen, den flirrenden Glanz von Atlas an, bald dunkeln sie wie Lavakegel.

So kommt es, daß den reichen Herren, die in der Hinterriß, im Gleirschtal, auf der Vereins-Alpe und an vielen anderen Orten sich Jagdhäuser erbaut haben, nicht nur die Ergötzlichkeiten des Waidwerkes genießen, sondern auch Freude an den Erscheinungen des Lichtes und der

Berge haben können, wenn ihnen über die Verfolgung ihres Wildstandes dazu Muße und Laune blieben.

Schön sind die bereiften Höhen, über welche das breite goldene Sonnenband von oben, vom Grate ab, herabrückt und aus dem weißlich überstreuten Dunkelwald wieder eine sommerlich grüne Berghalde schafft.

Auch der Glanz der Eiszapfen an manchem Baum ist zauberisch, weil ferne Halden durch das Eis hindurchblauen und schon zwei Stunden vor Mittag sich das blaugolden glitzernde Stück ins Waldmoos herab als funkelnde Traufe abzulösen beginnt. Und die Purpurfarbe, mit welcher die sinkende Sonne die Spitzen beleuchtet, ist nicht mit der Pracht des Sommers zu vergleichen.

Die Farben der Berge sind wandelbarer als an wärmeren Tagen. Besonders der feuchte Südwind, der oft urplötzlich einbricht und wieder verweht, zackt nicht nur die goldenen Wolkenbänke in federige Fasern aus, sondern schwimmt auch in tieffeuchtem Glanze über Höhen und Tiefen hin, daß jäh alles verwandelt wird. Dunkle Felsen schimmern oft wie helle Gletscher und umgekehrt. Am meisten aber erfreut der späte Sonnenaufgang in Schluchten und Klammen – wie auf dem gegenüberliegenden Gebirge sich der scharfe Grat zu entzünden scheint, über dem die Sonne heraufdringen will – in einem Licht und in einer farbigen Dunsthülle gleich dem Aufflackern von Löschpapier unter dem Brennglas.

In vielen Tälern (insbesondere aber im oberen Isartal um Mittenwald bis gegen Krün hinab) beginnen nunmehr jene regelmäßigen Südstürme, für die sich bis jetzt noch keine völlig genügende Erklärung gefunden hat. Namentlich das Phänomen der Mittenwalder Stürme hat etwas Überraschendes, Seltsames. Fast an jedem heiteren Tag saust die Nacht durch, oft auch noch den Tag über, ein Orkan, der die Häuser beben macht und an dessen Musik sich die Einwohner so gewöhnen, daß mancher nicht mehr schlafen kann, wenn ihn das Gepolter, Gepfeife, Geheul desselben nicht einlullt. Dieser Sturm kommt aus den öden Quelltälern der Isar und ist örtlich ungemein begrenzt. Denn weder in Partenkirchen, Kochel, noch in Vorderriß oder selbst in Walgau verspürt man zur gleichen Zeit etwas von der gewalttätigen Strömung. Diese jagt den Staub oder den Neuschnee turmhoch in die Luft und ist eine der vorzüglichsten Ursachen, warum die Mittenwalder sich nicht viel mit Obstbau beschäftigen und es ihrem freundlichen Markt fast völlig am Schmuck der Fruchtbäume fehlt, der das benachbarte Partenkirchen ziert. Es wäre eine Aufgabe für Witterungs-Gelehrte, die Ursachen dieser Strömungen zu erkunden. Daß sie bei bedecktem Himmel nicht vorkommen, hat offenbar seinen Grund in der mehr gleichmäßigen Temperatur der Luft, wenn die Wolkendecke Wärmeausstrahlungen nach oben hemmt. Auch begreift man, daß die Luft über den Isar-Quelltälern geringer erwärmt sein muß, als weiter flußabwärts und versteht den dadurch hervorgerufenen Zug. Aber ähnliche Verhältnisse bestehen doch in allen Längstälern der Alpen und dennoch habe ich nirgends jene gleichförmige Reihe von Alltagsstürmen gefunden, wie dort oben.

Zugleich fangen in den Tälern die Nebelspiele an, deren Zauber vielleicht mehr überrascht, als alle anderen Erscheinungen der Alpenwelt. Da tauchen urplötzlich am Himmel, von Wolken getragen, weiße Säulen auf: es sind die überschneiten Zacken des Hochgebirges, die, bis jetzt von Nebeln versteckt, jäh hervortreten und fortzuschwimmen scheinen, während die Täuschung unserer Augen uns die wirklich wandernden Nebelbänke unter ihnen als stetig vorkommen läßt. Es ist ein fortwährendes Aufhellen und Verdunkeln. Oft will es dort oben mit schwarzem Sturm drohen, kurze Zeit darauf aber sind die wilden, zusammengeballten Dunsthaufen verschwunden und man sieht nichts mehr davon als lange Schlangen, die auf halber Bergeshöhe langsam über die Wipfel der obersten Wälder, nahe dort, wo der kahle Fels beginnt, dahinziehen.

An vielen Tagen hängen die Nebel bis fast ins Tal herab, halten sich aber knapp an den Berghalden, so daß die Steinriesen einem Menschen gleichen, der sich seine Schlafmütze bis zum Kinn herabgezogen hat. Die nämlichen Wälder am untersten Rande des Berges, die der Nebel noch unbedeckt gelassen hat und die uns vorher lichtgrün vorgekommen sind, erscheinen nunmehr durch den Farbengegensatz des über ihnen lastenden Dunstschwalles tintenschwarz – ein Sinnbild der Täuschung, wie so manches andere, das uns belehrend die Bergwelt zeigt.

In den Tälern verschwinden die Sommerfarben, werden aber durch manche grelle Erscheinung ersetzt. Bis gegen Mittag hängen die schweren Tautropfen der langen Nacht im Geäst der Bäume und Sträucher und bilden in den Strahlen der niedrig stehenden Sonne glänzende Feuerwerke. Wenn daneben die Flammen der Flachsbrechöfen lodern, so ist es ein Herbstbild von greller Wirkung.

Vor den Häusern stehen die Georginen – gelb, wie die Lärchen am Fuß des Berges werden.

In den Dörfern hört man das langweilige Geräusch des Dreschens – doppelt langweilig, wenn mitunter am Morgen der graue Nebel sich nicht lichten will. Doch gehört – wenigstens in der ersten Hälfte des Winters – der Nebel in den höheren Tälern zu den selteneren Erscheinungen. Man wird ihm wohl zehnmal im Flachland begegnen, bis er uns einmal im Gebirge den klaren Himmel verdirbt. Und, legt er sich bis zur Talsohle herab, dann vergehen meist nach dem Aufgang der Sonne nur wenige Stunden, bis er von dieser vernichtet wird – stets ein wunderbares Schauspiel auch demjenigen, der es hundertmal betrachtet hat.

Im Morgennebel geht die Ernte-Danksagungs-Prozession dahin – Glocken vom unsichtbaren Turm hallen und die Kränze, welche die Mädchen auf dem Kopfe tragen, sind vom dichten, kalten Dunst feucht geworden. Rote Äpfel, im Nebel kaum sichtbar, hängen an den Bäumen. Das Krachen der Böller hallt in langem Donner von den Felswänden. Der heilige Josef und die heilige Maria, große Bilder von Holz, werden auf den Schultern betender Männer umhergeschleppt. Geklingel verkündet die Annäherung des roten Baldachins, des »Himmels«, unter welchem der Priester in gelbem Gewande einherschreitet.

Mittlerweile aber beginnt dort langsam sich ein anderer Himmel zu zeigen. Zuerst durchzieht eine goldene Schlangenlinie hoch oben den Nebel – es ist der Grat des Kalkgebirges. Am Fuße der ungeheuren Wand beginnt es zu glitzern und zu flirren. Die Massen wogen. Urplötzlich bricht oben die Sonne wirklich durch und nun wird der flache Nebel, der noch auf die Talsohle drückt, in ein seliges Feuerland umgewandelt. Rasch löst sich alles auf und die Dünste verrinnen in winzigen, glänzenden Ballen.

Der lobsingende Zug ist um eine Waldbiegung verschwunden. Hinter ihm her aber fangen die Berghalden mit dem roten Buchenlaub zu lodern an – die bernsteinfarbenen Lärchen glänzen und der Mond, der eben noch als leichtes Silberwölkchen am Himmel stand, ist ganz und gar im Glanze verschwunden.

Von der Iller zum Lech

Im Frühling ist Immenstadt ein schöner Aufenthalt, wenn das milde Alpental im herrlichsten Grün ausgebreitet liegt und auf dem Grünten oben nur mehr ein leichter weißer Streifen zu sehen ist, dessen völliges Verschwinden von einem Morgen zum anderen erwartet werden kann. Dann ist es einladend an der graublauen Iller spazieren zu gehen oder in dem jungbelaubten Buchwald, durch welchen der Fußweg nach Sonthofen geht, oder in der Richtung gegen den Alpsee hin, der seine Farbe von den umliegenden Wiesen und Matten erhält.

Nicht versäumt soll von demjenigen, der hier seinen Frühsommersitz aufschlägt, ein täglicher Gang nach dem milden Wasser der »Ach« werden, das durch Wiesen, von ihrem Blumenhauch durchduftet, langsam seine Kreisel zieht und in welchem ein Bad hergerichtet worden ist, das wohl zu den erquicklichsten Bädern im Hochland gehört – ein Eintauchen in ein stilles, lautloses Wasser, wie es die Würm und die Glonn draußen im Flachland sind, ein »weiches« Wasser, wie von unseren Leuten die Bäche genannt werden, die auf unansehnlichen Hügeln und Moorgründen zusammenrinnen, zum Unterschiede von raschen und jähen Kalkwassern, die mit Quellen, welche unterirdisch zu Tag treten, insgemein vermengt sind. Innerhalb der Berge selbst gibt es nicht allzuviel solche Wasser, die draußen in der See-Region, im Hügelland der Amper und in den Flächen um die München-Starnberger Bahn das Entzücken der Fischer wie der Badefreunde sind. Die bekannten »Fischwasser«, zu denen die Münchener Sonntagsfischer mit der Eisenbahn hinausfahren, gehören meist in die Reihe dieser stillflutenden, zwischen grün und weingelb gefärbten Bächlein.

Zu solcher Zeit wanderte ich von dem anmutigen Städtchen an der Iller über die Wasserscheide hinüber, welche hier die Zuflüsse der Iller von denen des Lech trennt. Diese Scheide befindet sich zwischen dem bayerischen Hindelang und dem tirolischen Schattwald – und der Weg darüber zieht sich durch eine Landschaft von recht hochalpenhaftem Charakter hin.

Während zu Immenstadt und Sonthofen ein sommergleicher Frühling (denn es war schon Ende Mai) im Tale prangte, waren die Bäume um das armselige Schattwald herum erst im aufknospen. Auch die Berge trugen noch bis weit herab Schneeflecken – überhaupt schaute es dort oben herum ganz jochähnlich aus. Die Wasser, die zur Vils rinnen, hatten jene graue Farbe, die den aufgelösten Schnee anzeigt, und es zog ein Wind vom Tal her gegen die Höhe herauf, der mich an die Empfindungen auf manchem »Übergang« erinnerte.

Hier möchte wohl der Ort sein, einzelne Bilder aus einem Winterspaziergang einzuschalten, den ich von Reutte nach Immenstadt unternahm. Es ist dies einer der rauhesten Wege in unseren Alpen, von den fahrbaren selbstverständlich. Die Ebene von Reutte liegt noch mit tiefem Schnee bedeckt, wenn lauer Frühlingswind über die Füssener Fluren geht, und das Lechtal nebst Seitentälern stehen gar im Rufe eines tirolischen Sibirien.

Es waren damals die frostklaren Tage, welche den Spiegel der Hohenschwangauer Seen zum Eisschießen ebneten, und die mondhellen Nächte mit schier blendenden Schneedecken, in welchen dem Fuchs aufgelauert wird.

In unebenen Landschaften, dort wo der Boden »Zufälle« bietet, noch mehr als in flachen Strecken, ist es aber doch nicht die weiße Schneedecke und das prismatische Funkeln des »Winterkleides« (wie der Schnee herkömmlich in der Lyrik heißt), nicht das Gleißen und Blitzen der

Frostkristalle, welches den vornehmsten Reiz der kalten Zeit ausmacht. Die Einbildungskraft Unkundiger stellt sich dieses in einer Weise vor, die mit der Wirklichkeit nicht übereinstimmt.

Im Winter steht die Sonne niedriger, ihre Strahlen treffen alle Gegenstände seitwärts, die Luft ist mit Dünsten übersättigt. Daraus entstehen Spiele der Lichter, wie sie während anderen Jahreszeiten nur ausnahmsweise wahrgenommen werden.

Tief hängt da an Tagen, an welchen hoch oben auf den Jöchern die strahlende Sonne scheint, Gewölk über die Berghalden herab. Jenes hohe Licht aber erscheint uns in der Tiefe, die durch die dichten Dunstballen davon getrennt sind, wie das Blau einer Fernerkluft, zu welchem man durch Lücken in den Nebelhaufen hinaufschaut, ein unbeschreibliches, blaues, überall von Wolkenwänden eingeengtes Dämmerlicht, welches als der Hintergrund einer steilen Bahn erscheint, welche ein Beflügelter durch die Mitte des Wolkenschachtes zu erreichen vermöchte.

Sicherlich kommt sich derjenige, welchem es einmal geglückt ist, an solchen Tagen durch die Nebelgänge in jene Höhen emporzutauchen, wie ein Mensch vor, den man in ein ihm vorher unbekanntes Leben und eine ihm fremde Welt urplötzlich versetzt hat. Von der Erde erscheinen nur die silbernen Zacken der Berge – an und um diese brandet das Nebelmeer, mächtige Wogen werfend. Dieses Nebelmeer aber, welches die darunter liegenden Niederungen verhüllt, wird von oben her von einer Sonne angeglänzt, die dem Talbewohner in der Dunkelheit des Winters verschwunden ist – darum leuchtet und funkelt das Meer, und seine wulstige Oberfläche ist eine Wallung endloser Schimmerflächen, viel wundersamer als das Indische Meer, welches aus plumpen Wassertropfen besteht.

Von der Höhe eines winterlichen Berges hat niemand in die luftige, flimmernde See, aus welcher die Felseninseln der Alpenwelt emporragen, hinabgesehen, ohne sich das Bild in seiner Erinnerung wohl zu bewahren.

Es sei, indem ich die Lichtwirkungen in den Erscheinungen der Luft während des Winters hervorhebe, damit keineswegs gesagt, daß nicht auch in den vielfachen Gestaltungen der Schneedecke mancher Reiz offenkundig zu Tage trete.

Bei einem Gang durch's Tal fällt uns mancherlei auf. Zuerst möchte ich Unkundigen eine Ahnung beizubringen vermögen von dem Eindruck, den in blendender Wintersonne ein flockenweißes Gebirge hervorbringt, wenn der Nebel, der es bis jetzt verdeckt hat, sich urplötzlich herabsenkt und der weiße Giebel im seligen Lichte jäh über den Wolken schwebt.

Bei solcher Verklärung des plumpen Felsgesteines erscheint der Berg zudem in unbegreiflicher Höhe, und der flimmernde, von gelblichen Strahlen umzuckte Giebel hat gar keine Ähnlichkeit mehr mit dem grauen oder dunkelgefärbten Grate, welcher zur Sommerszeit erscheint, wenn die Regenwolken von ihm weichen. Wohl möchte auch die grünblaue Pracht der starren Wasserfälle zu erwähnen sein, in deren Orgelpfeifen nur spärliche Tropfen mehr zwischen den rundlichen Säulen herabsikkern. Solche hängen am Felsen zwischen dem lebendigeren Grün der Fichten und tragen auch ohne das Bild der Erstarrung dazu bei, den Eindruck der Dürftigkeit zu verstärken, der die winterliche Natur auszeichnet, den Eindruck, der zunächst von den wasserarmen Bachbetten, dem lautlosen Wald und dem Verstummen der Tierstimmen hervorgerufen wird.

Wegen der großen Unbeständigkeit des Winterwetters und des endlos mannigfaltigen Zustandes der Luft er-

scheinen die Berge in weit verschiedeneren Farben als in den anderen Zeiten des Jahres.

Heute hat der Südwind die Luft durch und durch mit Wasserdunst erfüllt, und die Alpen, blauschwarze Wälle, sind durch die vergrößernden Dunstbläschen so nahe gerückt, daß es scheint, als vermöchten wir weit entfernte Hänge mit einem Steinwurf zu erreichen; morgen hat der nämliche Wind bereits die Schneedecke durch Abschmelzen und Verdunstung geschwächt und gelockert, so daß der Boden überall unter ihr hervordunkelt und das weite Tal nur mehr zwei Farben, Schwarz und Weiß, zur Schau trägt. An einem anderen lauen Tag legt sich des Morgens ein metallener Schleier, an Farbe dem Monde am Winterhimmel gleich, wenn er vor der höhersteigenden Wintersonne erbleicht, über das Tal hin.

Wieder fallen schwere Nebel über das Land. Manchmal lasten sie unbeweglich Tag und Nacht fort über den Tälern, wie eine stockende Schlammflut.

Manchmal aber gelingt es den Sonnenstrahlen, sie allmählich zu verflüchtigen, und dann erfolgt ein Schauspiel, welches von allen Szenen, die der Winter bietet, das glänzendste genannt werden kann.

Wie ein Docht, der innerhalb eines Milchglases angesteckt worden ist, erst rötlich durch die trübe Hülle schimmert und erst nach und nach, mit der um sich greifenden Flamme, seine volle Helle zu zeigen beginnt, so glimmen die oben längst von der Sonne bestrahlten Schneeberge immer deutlicher durch den kalten Brodel, bis ihre Giebel und Hänge endlich unverschleiert mit blendender Glorie unter dem tiefblauen Himmel flammen und ihr goldiger Schein das ganze Tal durchdringt. Es will uns dünken, als ob dieses Aufflammen von Felsen, die doch auch der Rinde der dunklen Erde angehören, mit den gewohnten Verwandlungen, die wir vor unseren Augen vorübergehen sahen, nimmer in Einklang stände und eigentlich einem Planeten angehörte, welcher näher an der Sonnenkugel seine Bahn hinrollt.

Aber auch die Erscheinungen des verschneiten Tales ziehen wohl hier und dort unsere Blicke an.

Da ist beispielsweise das rote Feldkreuz zwischen den zwei Birken, deren Blätter nun nicht mehr mit Gelispel neben dem heiligen Bild die Gebete des einen oder anderen Älplers, der vor ihm kniet, begleiten, sondern deren dicht bereifte Zweige zwei schillernde Kronleuchter neben ihm zu bilden scheinen; dort das leichte Wehen der Flocken von der gelben Lärche herab, die der Jochwind sanft bewegt; dort die Ruinen im Schnee am Fuß der Tannen, welche die in der Mittagssonne abtropfenden Kristallkugeln eingraben; dort die weißen Staubsäulen, die der Wind von den Jochhöhen aufjagt und von welchen scheinbar umschleiert die Sonne auf Augenblicke in feindseligem, rotdüsterem Glanz herabschaut.

Zahlreich sind diejenigen Gegenstände, welche den Bewohnern der Berge Vorbedeutungen für die Strenge oder Milde des Winters abgeben. Man unterscheidet zwischen einem kotigen und einem guten, das heißt zwischen einem feuchtwarmen und kalten, schneereichen Winter. Die Fischer wollen das lange Zeit an den Bewegungen der Fische vorhersehen, ebenso vertraut der Jäger auf das Eintreffen der stummen Prophezeiungen des Waldes, seiner Gewächse und Tiere.

Liegt schon Schnee auf dem Erdboden, wenn die gelben Lärchennadeln abfallen, so wird das auf einen schneearmen Winter gedeutet. So hoch als der Schaft der schwefelgelben Blüten der Königskerze im Sommer emporwächst, ebenso hoch wird die Schneedecke über dem winterlichen Land. So viel Nebel als vor Allerheiligen über die Berge herabsteigen, so viel Gewitter entladen sich im Hochsommer. Je mehr Schlupfwespen, deren Larven von den Füchsen so gerne verzehrt werden, sich im Sommer auf den Wiesen zeigen, desto härter wird der Winter. Solcher Angaben gibt es eine große Menge. Dem Leser anheimgestellt bleiben, welcher Wert denselben beizumessen sei.

Am beschwerlichsten wird der Winter jenen vereinsamten Hütten oder Einzelhöfen des Mittelgebirges, welche namentlich im Zillertal zu sehr bedeutenden Höhen ansteigen.

Bei hohem Schneefall sind diese armen Menschen oft viele Tage abgesperrt vom Verkehr mit dem nächsten Nachbar, und es bedarf mitunter der einmütigen Anstrengung sämtlicher Hausgenossen, um »durchzubrechen« und der drohenden Hungersnot zu entrinnen. Nicht minder mühselig sind in solchen Zeitläufen die Mägde in Tux daran. Dort bleibt das Vieh auch den Winter über, wegen der Benutzung des Düngers, in den hoch auf den Bergwiesen gelegenen Ställen. Um die Kühe zu melken, muß die Dirne schon bald nach Mitternacht aufbrechen und sich über die tief verschneiten, pfadlosen Hänge hinauf kämpfen. Das schwierigere Geschäft jedoch harrt ihrer beim Rückweg, denn sie hat nunmehr den nämlichen Schneehang mit etwa einem Zentner Milch beladen, wieder herabzusteigen.

Manches merkwürdige Genrebild bietet im tiefsten Winter die Brennerbahn.

Es ist ein eigentümlicher Anblick, in finsterer Nacht, hoch an den schneebedeckten Abgründen hin, die Funken der Lokomotive fliegen zu sehen und das Geräusch des klappernden Eisens mitten in der starren Alpenwildnis zu hören, in welcher selbst die jähen Bäche ihre Stimme nur mehr dumpf vernehmen lassen und der geräuschvolle Wald unter seiner Frostlast schweigt.

Erstaunt erblickt der Fahrgast die wunderliche Gestalt des Schaffners, der von Zeit zu Zeit den Schlag öffnet. Denn dieser ist, weil er so häufig aus der warmen Luft seiner kleinen fahrenden Zelle unter den eisigen Nachthimmel hinaustreten muß, vom Kopf bis zu den Füßen weiß bereift, und es mag mitunter irgendeinem, welcher von ihm jäh aus dem Schlaf geweckt wird, dünken, es sei der Bergesalte selbst aus seiner Winterpracht herausgetreten und wolle neugierig den Menschen einen nächtlichen Besuch abstatten, welche das Schweigen seines Reiches mit Funken, Dampfgezisch und Eisenklirren selbst in der Stunde der Mitternacht stören.

Auch das oft beschriebene Nordlicht vom vierten Februar 1872, das man bis nach Unteritalien hinab sah, habe ich auf jenem winterlichen Alpenspaziergang beobachtet.

Im Übrigen ist auch eine gewöhnliche Winter-Mondnacht in diesen Hochtälern etwas sehr Seltsames. Auch die blödesten Augen sehen den Mond nicht als Scheibe, sondern stereoskopisch als abgerundete Kugel über den Jöchern in dem vor Kälte klirrenden Raum schwimmen.

Die Eiszapfen der Tannen flirren in seinem Lichte – was aber ergreifender wirkt, ist der Glanz im Westen, der noch fortdauert, nachdem die Sonne schon geraume Zeit zur Rüst gegangen ist. Wir glauben einen ganz anderen Himmel zu sehen. Ein Gemeng von Gold, Blau und Grün wäre es zu nennen, wenn diese Farben nicht von einem Äther durchgeistigt wären, der sie von der gewöhnlichen Farbenerscheinung so unterscheidet, wie sich sonnendurchblitztes Wasser von grobkörnigem Eis unterscheidet.

Später stehen die Berge als zuckerweiße Pyramiden da, und meilenweit entfernte Höhen vermeint man mit einem Steinwurf erreichen zu können. Wenige Sterne läßt das Mondlicht aufkommen. Die nämlichen Schatten wie hinter den Grabsteinen mondbeglänzter Kirchhöfe sitzen zwischen den weißen Giebeln hoch oben.

Wenn in solcher Nacht sich auch Nebel von den Bergen herabsenkt, so gleißt immerhin noch so viel Mondlicht durch die Dünste auf den Schnee herab, daß Buchstaben zu unterscheiden wären.

Ich stand um Mitternacht auf und betrachtete den Geisterschein, wie er die stille Welt ausfüllte, und überall war ein großes Schweigen, nur vom Widerhall des Flusses an den Bergen unterbrochen, der sich von seinem Drang zum Weltmeer nicht beruhigen läßt.

Einen schönen Gegensatz dazu stellte der Morgen dar.

Während das Tal noch von den östlichen Wänden beschattet wurde, glänzten die Gipfel der westlichen Berge in weingelbem Licht. Sie schienen zu schweben, denn unter ihnen brodelte es schwarzgrau von Nebeln auf- und abwogend wie die Rauchballen eines Hochofens. Im Winter steigen die Erscheinungen, welche dem Sommerwanderer in der Gletscherwelt oben vor die Augen treten, herab in's Tal.

Manchmal wurde der bernsteingleißende Giebel auch von ihnen verschlungen, denn sie hoben sich und tanzten, die Kinder der Winternacht, vor dem aufgehenden Gestirn. Wenn sie den ganzen Berg mit seinem Gipfel wieder verhüllt hatten, so glomm dafür der untere Rand der Mauer, zu welcher sie sich zusammengeschlossen hatten.

Später verschwanden sie an den Graten, zwischen Felsen, in hohen Bergwäldern. Wo sie sich mit den Fichtenwipfeln, auf denen die Sonne schon angekommen war, verflochten, da standen goldtriefende Säulen. Überhaupt war den ganzen Tag über ein Hin- und Herwanken von blendenden Flächen und grauem Dampfbrodel.

Kehren wir aus diesem seligen Winterglanz wieder in das bescheidenere Licht des Frühsommers zurück.

Von Schattwald bis Weißenbach am Lech hinab ist eine der anziehendsten Landschaften in unseren nördlichen Bergen. Bald sind es die gewaltigen Pyramiden der »Roten Flühe«, die zum ersten Mal beim Weiler Katzensteig sichtbar werden und sehr viel Ähnlichkeit mit den Dolomit-Türmen der »drei Zinnen von Lavaredo« in den Venetianer Bergen haben, und der »Gimpelberg«, bald die Wasserrinnen, die weiß das Gestein herab durchfurchen – irgend ein rotes Feldkreuz sich im Tümpel des Baches spiegelnd und das allgewaltige Sausen des Flusses, der durch Kalk sich talwärts seinen Weg bricht.

Von einem Mann, der an einem dieser graublauen raschen Bächlein nach Forellen fischte, wurde ich zum »Weißen Kreuz« in Nesselwängle gewiesen. Von dort gelangte ich bald zum Haldensee, der gerade vor den grauen und sehr steilen Wänden des Gimpelberges eingebettet liegt. Von diesem schönen See ist kein Abfluß wahrzunehmen. Ringsum umgibt ihn Wald, von grünen Furchen der Holzschläge steil durchzogen, und auch auf den Rasenbrustwehren, welche die Straße gegen ihn abgrenzen, gedeihen junge Tannen. Damals wurde zumeist das Gehör von diesem Alpenbilde in Anspruch genommen: denn von überall her toste es, aus den Schneefeldern über dem Wald quirlten die Wasserstürze gerade in sein Bekken herab.

Nachdem ich das lange, auf einen mit gelben Flechten rostfleckig gesprenkelten Straßenstein gelehnt, betrachtet hatte, machte ich mich wieder auf und gelangte bald in die jähe Schlucht, durch welche sich die Straße mit dem Fluß gegen Weißenbach und den Lech hinabsenkt.

Oft sieht man in den vom Fluß durchtobten Tobel hinab und auf die Holzknechte, die das zu flößende Holz mit Stangen von Felsenhemmnissen frei machen, aber auch in die Ferne und auf die blauen Wälle des Lechtales.

Auf erhabenen Felsblöcken über dem Wasserabgrund hängt der bleiche, blutende Christ; Maikäfer schwirren um die eben sich entfaltenden Blätter des Vogelbeerbaums, die Männer rufen aus der Tiefe, den Lärm des Wassers überhallend.

Von allen Wassern der Kalkalpen ist der Lech das gewalttätigste. Wohl ergießen sich auch Bäche aus kleinen Gletschern in ihn, welch' letztere im übrigen in den Kalkalpen so äußerst selten gefunden werden, doch der vorzügliche Grund seiner Wildheit mag in den Bächen liegen, die aus wüsten, morschen und jähen Seitenschluchten in ihn hineinfallen. Kein anderer Fluß der Kalkalpen fließt durch solche Wildnisse wie der Lech vom Tannberg und der Almajuralpe an bis nach Weißenbach heraus.

Der Weg, welcher auf dieser Seite des Flusses gegen Oberhornbach führt, ist ein breiter Waldsteig. Zur Linken sieht man stets den Fluß in breitem, weißem Kiesbett, zur Rechten hat man den Hang des Waldgebirges, oft durch Steinriesen unterbrochen, vor kurzer Frist geschaffene Inseln, mit Wacholdergestrüpp bedeckt, oft aber auch, wenn kleine Seitentäler sich öffnen, hängende Wasserfälle, die zu unseren Füßen als milchblaue Bäche rinnen. Der Lech selbst bildet da einmal eine große Stromschnelle, und über sie hinweg sieht man in eine endlose Flucht von weißen Häuptern, von welchen der Strom herabkommt.

Zu Haselgehr münden die schäumenden Wasser des Gramais-Tales ein. Hier kann man rastend sich die steilen Graslahnen betrachten, welche von den westlichen Jöchern herablangen und sich Phantasien über die Wucht der Lawinen hingeben, die von solchen Hängen gegen den Ort vielleicht verheerend sich herabwälzen. Darin würde man indessen irren. Denn gerade die arge Steilheit dieser Hänge gestattet nicht bedeutende Schneeansamm-

lungen. Der Schnee, kaum gefallen, kann sich nicht halten und rollt in gefahrlosen kleinen Ballen zu Tal. Deshalb sieht man auch mitten im Winter dort oben auf den aperen Halden unter dem Geschröfe Gemsen weiden.

Nach kurzem Marsche sah ich die weißen Häuser von Elbigen-Alp liegen, einer so freundlichen und in Gärten eingebetteten Ortschaft, daß man meinen kann, in den Vorbergen Bayerns draußen an den schönen Seen zu wandeln, und nicht im öden Lechtal.

Hier setzte ich mich in einen blühenden Garten, betrachtete die Sommerwolken und ihren Schatten auf den Jöchern und die Stellen, an denen Lawinen herabgegangen waren, die ihre Spur in der Niederung durch Geröllhaufen und durch zerrissene Zäune, an deren Stelle mitten im grauen Zaunwerk schon das neue gelbe von den Leuten eingesetzt worden war, kennzeichneten.

An diesem Abend schlief ich im Postgasthaus zu Holzgau.

Am nächsten Morgen, es war der 3. Juni, hatte sich die Szene nicht unerheblich verändert. Die Bäume draußen waren noch immer weiß, aber nicht nur von Blüten, sondern noch mehr von fußhohem Schnee. Auf meinem Tische standen die duftigen, schwefelgelben Kelche der

Steinprimeln – draußen aber herrschte der Winter. Von einem kleinen Spaziergange kam ich bald mit rotblau erstarrten Händen zurück – die Wege im Ort waren »sulzig«, wie unsere Leute sagen, kurz, es war ein Bild sommerlichen Schneefalles in den Alpen. Am Vorabend war der Himmel von jener Reinheit gewesen, als ihn die sinkende Sonne über die Jochgrate hin goldgrün durchstrahlte, wie sie nicht beschrieben werden kann – heute schauten die blauen und roten Kelche nur an wenigen Stellen aus dem Schnee – schneefrei waren nur die Gangsteige geblieben, da die nicht von Pflanzen bedeckte Erde wärmer ist. Sie zogen sich als schwarze Bänder durch den weißen Plan. Den Sommer erkannte man nur mehr an den hochgrasigen grünen Flecken, die im Schutze mancher Tanne übrig geblieben waren. Da der Boden an manchen Stellen mit Brettern bedeckt ist, sah man dort die nassen Fußstapfen der zur Kirche wandelnden Menschen. Doch vermag sich im Juni der Schnee in dieser Talgegend nicht lange zu halten.

Das seltsamste und schönste Schaustück in diesem Winter-Zwischenspiel war ein Regenbogen gewesen, der sich wie nach einem Sommer-Hochwetter quer über das verschneite Tal hin von einer Bergwand zur anderen ausgespannt hatte.

Nachdem ich so das Tal wieder schneefrei sah, machte ich mich auf den Weg, um die Wasserscheide zwischen Lech und Inn zu überschreiten. Zu diesem Behufe trachtete ich vorerst nach dem Dörflein »Steg«, welches in geringer Entfernung ober Holzgau am Lech sich ausbreitet. Auf dem Weg dorthin schaute ich freudvoll nach den blinkenden, im Neuschnee angestrahlten Jöchern, welche wie selige Reinheit über der kotigen Tiefe standen, die Schafe, die sich vor grauen Hütten sammelten, eine Kapelle mit Heiligenbildern, von Fichten beschattet, und neben allem diesem den blauen Lech, der launisch sich bald gegen diese, bald gegen jene Talwand hinzieht.

Zu Steg im reinlichen, messing- und zinnglänzenden Wirtshaus bin ich mehrmals eingekehrt – einmal als ich zum Gletscher von Almajur pilgerte, das andere Mal, als ich über das Kaiser-Joch hinüber nach Petneu an der Rosana stieg, heute, wo ich zum Tannberg trachtete. Hier hört der Fahrweg auf – von nun an beginnt ein Pfad, der wohl des Merkwürdigen allerlei bietet, aber nur wenig von Fremdlingen benutzt wird, wenn er gleich neben der Straße über den Arlberg den Hauptverkehr zwischen Vorarlberg und Tirol vermittelt.

Zunächst überschritt ich abermals den Lech, sodann den Kaiserbach, der vom obengenannten Joch herabkommt, beides hier hellblaue Gewässer von großer Schönheit. Der Weg zieht sich sodann hart am Lech fort mit angenehmer Abwechslung, bald neben Felswänden, bald durch umzäunte Wiesen, bald auf Prügeln durch den Wald.

In den Wald stäubten oft Sprühstürze herab und erreichten tosend den eingezwängten Lech. Bald hebt sich das Ufer, der Lech zwängt sich durch Klammen – und nun, mit der wilder gewordenen Talenge, sind es nicht nur die Rinnsale der hinabtobenden Wasserfälle, sondern auch die Überreste der in anderen Furchen zum Tobel niedergestürzten Lawinen, welche überschritten werden müssen.

Der Neuschnee der Jöcher blinkt auch durch Trübungen und Nebel – ja dieser Glanz hat vielleicht etwas Anziehenderes als derjenige, welchen von ihm die unbewölkte Sommersonne wiederstrahlt. So erschienen auch jetzt, obwohl ein Niederschlag, halb Regen, halb Schnee, über's Tal hinging, die angeschneiten Jöcher durch die grauen Schleier hindurch in ergreifender Erhabenheit.

Allgäuer Sagen

Wenn man von Immenstadt sich westlich gegen den Alpsee hin wendet, begegnet man an den Hängen nicht selten gehörnten Wesen, Horngeistern und Bergmännlein, Tagskobolden, welche dort in den Wäldern ihr Wesen treiben. Sie scheuen sich nicht, am hellen Tage mit den Leuten zu verkehren. Namentlich die Holzknechte, welche in den dunklen Bergwäldern ihrer Hantierung nachgehen, wissen von ihnen zu erzählen. Es kommt nicht selten vor, daß sie diesen Arbeitern, wenn sie sich auf dem Berge verirrt haben, Weg und Steg weisen und mit allerlei Ratschlägen an die Hand gehen. Nur das Fluchen dieser mitunter etwas ungehobelten Burschen können sie nicht leiden. Läßt sich einer derlei beikommen, so umgeben sie seine Augen mit Blendwerk, daß er, wenn er am Abend heimkehren will, die ganze Nacht hindurch keinen Ausweg aus irgendeiner Schlucht findet. Mitunter strafen sie ihn auch dadurch, daß sie die Fichte, welche er fällt, in einen Schlund stürzen lassen, aus welchem es kein Herausholen gibt, oder sie machen, daß die Axt vom Stiel herabfällt und ähnlichen Schabernack. Dagegen freut es sie nicht wenig, wenn die Holzfäller im Bergwald johlen und jauchzen und antworten ihnen gerne aus der Ferne. Ganz ungescheut treiben sie ihre Haushaltungsgeschäfte – mehr als einmal hat man sie die Wäsche unter den Bäumen trocknen gesehen.

Wenn nach langer Regenzeit der Himmel sich allmählich aufheitert und aus dem nassen Boden Dämpfe in die abgekühlte Luft steigen, was man vom Tal aus an kleinen Wölkchen bemerkt, die sich längs der bewaldeten Halden hinziehen, so wird behauptet, die Bergmännlein hätten sich dort ein Feuer angemacht und kochten ihre Mahlzeit. Vielleicht haben die ersten Einwohner des Berges, von welchen Immenstädter Sagen berichten, auch zu diesen »wilden Leuten« gehört. Denn es wird behauptet, die ersten Ansiedler seien zwei Bauern am »Hochried« gewesen, welche viele Immen (Bienen) besaßen. Die Nachkommen dieser sollen sich allmählich in's Tal gezogen haben.

So viel von den Bergmännlein – offenbar einem Nachhall von versprengten Ureinwohnern, die der germanischen Einwanderung wichen, wie er durch alle deutschen Gaue geht. Die Erinnerung an Wuotan und die geisterhafte Heldenschar besteht im Glauben an das »Muotis-Heer« oder das wilde G'jäg, welches teilweise unter lustigen Klängen, teilweise unter Entsetzen erregendem Geheul durch die Luft dahinzieht. Auch die Älpler in der Umgegend von Immenstadt glauben, daß man sich vor dem Zug auf den Boden werfen müsse, um unbeschädigt unter der Jagd durchzukommen.

Auch gespenstige Erscheinungen anderer Art fehlen in den Sagenkreisen Immenstadts nicht. Man begegnet da allerlei auch anderweitig auftretenden Gestalten. Es wird beispielsweise von einer in Trauer gekleideten Frau erzählt, welche in der Nähe des »Bühel« jeden des Weges kommenden Fuhrwagen mit einer brennenden Kerze in der Hand begleitete.

Ein leichtes Erdbeben gegen Ende des vorigen Jahrhunderts war die Veranlassung, daß ein lustiger Kapuziner-Pater in große Angst geriet.

Pater Thomas Stocker war als Geisterbeschwörer und lustiger Kumpan bekannt – zwei Rollen, die miteinander nicht so viele Unähnlichkeit haben, als es auf den ersten Blick scheint. Zu jener Zeit begaben sich der Fürst-Abt von Kempten und seine Stiftsherren öfter auf die Jagd in die Nähe von Immenstadt, wobei ihnen der lustige Kapuziner nicht selten Gesellschaft leistete. Einmal befand sich die Gesellschaft, nachdem sie bei Memhölz gejagt hatte, auf der Insel des Niedersonthofener Sees, wo damals ein Schlößchen stand, von dem noch heute Trümmer zu sehen sind. Plötzlich entstand ein sonderbares Rollen und Krachen, so daß die Anwesenden vermeinten, es treibe sich ein böser Geist im Schloß herum. In dieser Not setzten die Prälaten ihre meiste Hoffnung auf den Pater. Der aber hatte sich zuerst in den Ofen versteckt und getraute sich erst nach geraumer Zeit wieder hervor, wo es dann seinen Sprüchen gelang, den bösen Feind zu verscheuchen. Das Volk aber behauptete mit der Laune, die es selten verläßt, der Teufel habe den Abt und die Prälaten holen wollen.

Westlich von Immenstadt, gegen den Alpsee hin, liegt ein unbedeutendes Wasserbecken. Man nennt es den »kleinen See«. Es ist eigentlich nur ein Tümpel des Achflusses, durch welchen er mit dem hübschen Alpsee zusammenhängt. Doch soll es unergründlich sein, vermutlich weil es noch niemandem beigefallen ist, zu messen. Der Wassergeist will das auch nicht leiden. Er ruft:

Ergründ'st Du mich,
So ertränk' ich Dich.

Es geht sogar ein Gerede, daß dieser Tümpel mit dem weit entfernten, oben erwähnten Niedersonthofener See unterirdisch zusammenhänge, und es wird in dieser Hinsicht gefabelt, daß Leichname von Schweden, die im Dreißigjährigen Kriege da hinein gesprengt wurden, im Niedersonthofener See zum Vorschein gekommen seien.

Die Gegend von Immenstadt, eine der wenigen in unseren Alpenländern, bis zu welchen der Dreißigjährige Krieg vorgedrungen ist, hat mannigfache Schweden-Erinnerungen aufbewahrt, die alle einen legendenhaften Anstrich haben. So heißt es, daß sich damals sämtliche

Einwohner in jene Bergschlucht flüchteten, aus welcher am 28. Juli 1873 die verheerende Flut hervorbrach. Dort sollen sie sich verschanzt, eine Kapelle gebaut und Gottesdienst gehalten haben. Unten aber im Städtchen hausten die Schweden in ihrer bekannten Weise.

Der Alpsee spielt in jenen Historien auch eine Rolle. Man behauptet, eine Abteilung des Reichsheeres habe sie auf das Eis getrieben. Vierzehn Fähnlein schwedischen Kriegsvolkes brachen ein und ertranken. Der Humor jener Tage nennt die Stelle den Schwedenbrunnen, unter welchem Namen sie im Übrigen noch heute bekannt ist. Man zeigt in der Loretokirche auf dem Bühel Fahnen, die man im See gefunden haben will und die von jenem Abenteuer herrühren.

Aus der Zeit der Pest, welche im Gefolge des Schwedenkrieges ausbrach, stammt ein Sprichwort, welches noch heute im Munde der Immenstädter vorkommt. Man erzählt, es sei niemand dagewesen, die Toten zu begraben. Da redete der Pfarrer einer armen Witwe, deren Mann Geißhirt gewesen war und die man deshalb die Geißanne nannte, zu, sie möge sich zu diesem Werke der Barmherzigkeit herbeilassen. Sie tat es mit den Worten: »Ich will's wagen« und bestattete die Toten, bis die Pest oder das »Sterbet« vorüber war. Von jener Zeit an heißt es bei einem harten Entschluß: »Ich will's wagen, Geißann' hat's auch gewagt.«

Blick über den Bodensee

Wenn man so in frühlingsherrlichem Wald unter blauem Himmel sitzt und das große Fest betrachtet, welches die Erde feiert, so hat man Mühe, sich das Bild einer winterlichen Fahrt auf dem Bodensee getreu in's Gedächtnis zurückzurufen.

Man stelle sich eine eisige Luft vor – es ist nicht möglich, ohne Handschuhe oder sonstigen Schutz der Finger zu hantieren. Der Nebel ist so dicht, daß auf fünf Schritte kein Gegenstand mehr erkannt wird. Die Pfeife des Dampfers stößt fortwährend abgerissene, schrille Rufe aus, die von anderen unsichtbaren Schiffen heulend erwidert werden. Vorn am Schiffe lauschen die aufgestellten Wachen ängstlich in den kalten Nebel hinaus, ob nicht irgend woher sich das Geplätscher einer Schraube oder eines Rades vernehmen läßt. Wird der leiseste Lärm vernommen oder zu vernehmen geglaubt, so bleibt das Schiff stehen. – Alles horcht mit verdoppelter Gespanntheit in die Nebeltrübung hinaus. Es war eine Täuschung. Vorwärts! Und weiter stampft das Schiff in das Nichts hinein.

Manchmal entsteht eine Lücke im Nebel. Das Wetter scheint sich aufzuhellen. Wir sehen rings um das Schiff herum eine größere graue Fläche, matt poliert wie eine Stahlplatte. Dieser Gesichtskreis ist bald weiter, bald beschränkter, bis er wieder von heranjagenden Nebelheeren eingenommen und uns entrückt wird. In diesem Dunsthaufen taucht manchmal die Sonne auf, an orangefarbenen Rändern zerrissener Nebel aufblitzend und hinter sich endlose Gänge voll purpurner Herrlichkeiten eröffnend. Dann hört man auch oft Möven und andere Seevögel aus dem Geflimmer hervor schreien.

Nähert man sich dem Lande, so hört man das fortwährende Geläute der Leuchttürme in den See herein. Kommt sodann ein Nachen aus dem Grau hervor, der einen Reisenden bringt oder abholt, so ist man nicht wenig überrascht, unter den Ruderschlägen des Schiffers, unter der grauen Metallfläche die grüne Farbe des Alpengewässers aufleuchten zu sehen.

Das ist freilich ein anderes Bild als dasjenige, was wir jetzt, im schönen Lenz, zu Lindau oder Bregenz vor uns ausgebreitet sehen. Zwar entbehrt auch es jener Schönheit nicht, deren Spur das begnadigte Auge überall in der Erscheinungswelt zu entdecken vermag – doch werden den meisten die weißblütigen Obstanger vor den lichten Lärchen des Gebhardsberges, die Düfte des Waldes, die endlose Bläue mit weißen Segeln annehmlicher vorkommen.

Jetzt sieht man keine andere Trübung auf dem Gewässer als die endlosen Rauchsäulen, welche von den Dampfschiffen zurückgelassen werden. Die auf großen Schleppern hintereinander schwimmenden Güterwagen machen den Eindruck eines Eisenbahnzuges, der sich über die blaue Fläche hinbewegt. Doch schimmert nicht die ganze Fläche in Blau; gegen den fernen Westen hin hat sich eine Silberschicht auf den See gelegt.

Schön ist es auch, wenn man von einem erhöhten Punkt des Ufers das Herannahen eines Gewitters beobachtet: wie die Bäume zittern und schwanken, der Rauch rasch von den Kaminen weggeweht wird, Staubwirbel sich herumtreiben, graue Wolken von Südwest herüberkommen und der See vom Blauen in's Grüne übergeht und die Bergspitzen im Nebel verschwinden, der untere Teil der weiten Bergwelt aber schwarzblau wird.

Frühling im Salzkammergut

Die richtige Lust in die Berge bringt man mit, wenn man aus einem Menschengewimmel wie dem von Wien kommt. Du hast in deinen Geschäften den Wandel der Jahreszeiten fast übersehen. Kaum daß du bei einem Gang durch den Stadtpark an blühendem Flieder und Roßkastanien den Einzug des Frühlings wahrnahmst. Und wenn du auch an Sonntagnachmittagen ein wenig ins Grüne gezogen bist, klare Wasser und einen richtigen Bergwald hast du nicht angetroffen, und die Luft, in der du dich bewegtest, war nicht die, welche von tannigen Hochalpen-Gipfeln niederströmt. Mit einem Worte, du bemerkst beim Eintritt in die Voralpen, durch welche die grüne Traun hervorrauscht, daß du bis jetzt ein gefangener Mann gewesen bist. Denn wie am Gefangenen hinter dem Gitter das Treiben der Gasse vorüberjagt, so geht am Menschen der großen Stadt innerhalb der übelriechenden Mauern das Walten der Natur vorbei. Die Feste, welche draußen am buschigen Waldbach, beim Wasserfall, auf hohen Triften gefeiert werden, sind für ihn nicht da, so wenig wie die »Saisons« des Stadtlebens für den Eingesperrten.

Zu keiner Jahreszeit wird das Gefühl der Erlösung so lebendig wirken, wie im Mai. Die Obstbäume, die dort unten an der Donau, wo die hohen Schlösser und Abteien über Rebengelände schauen, schon abgeblüht sind, heben sich hier noch weiß von den tiefgrünen Tannen ab, und die Maiglöckchen, die dort verwelkt sind, entfalten sich hier erst unter den hellen Buchen. Was aber der Mailandschaft des Vorlandes ihre besondere Schönheit gibt, von welcher der Sommerreisende nichts weiß, das ist die Nähe des silbernen Winters. Die weißen Höhen über dem blühenden Tal geben der Natur dort ein Ansehen, das sich vom Sommerbild ganz und gar unterscheidet und die ganze Landschaft nunmehr viel großartiger erscheinen läßt, weil die bescheidenen Kalkberge Gletschern gleichen. Das tun sie allerdings während des Winters auch. Dann fehlt aber der Farbengegensatz und insbesondere der blaue Duft, die warme Verklärung, das Saftgrün und die Blüten-Buntheit der Tiefe.

Von allen Schienenwegen, die aus dem Vorland an den Fuß der deutschen Alpen gelegt sind, hat vielleicht keiner die Mannigfaltigkeit und das bedeutsame Aussehen der Umgebungen, wie derjenige, welcher von *Lambach* nach *Gmunden* führt. Hier hat man vom Eisenbahndamm aus die belehrendsten Einblicke in das Stufenland der Vorberge, und wer das Wesen einer Voralpenlandschaft rasch erfassen will, der stelle sich dorthin und betrachte die tief eingefurchten Terrassen von der Traun durchschnitten bald licht- bald dunkelgrün, je nach dem Stande der Buchen und Eichen oder Fichten, die weißen Reihen der Nadelholzstämme dort oben auf dem Hügelkamm, den ungeheueren Halbkreis der Berge vom Alm- bis zum Attersee, die grauen Kalkwüsten und die Schneefelder, den blauenden Traunstein über dem Waldgestaffel, Felder und lichte Häuser, tiefe Senkungen unter den mächtigen Bergen. Wie freute ich mich einstmals dort! Es war ein Tag gesteigerter Festfreude gewesen. Zu Wien hatte ich wochenlang in geschäftiger Rührigkeit des Alltagstreibens nichts gesehen von der aufblühenden Welt, als einige exotische Blumen vor dem Kursalon und die herankommenden Knospen der Rosensträucher. Gegen diese schier künstlichen Zierden des städtischen Frühlings erschienen die Nebel, welche über die Höhen des Wienerwaldes zogen, und der Wind in den hohen Saatfeldern schon als ein wirkliches Bild des spät gesehenen Frühlings. Es waren auch die Fest- und Wandertage der Landbewohner. An mancher grünen Saat sah man Wallfahrer mit Kreuz und Fahnen vorüberziehen oder unter Eichen vom Gange zum Gnadenbild von Maria Zell rasten. Dann kam die helle Traun und in der Ferne der hohe Traunstein, die geschlossenen Fichtenwälder, in welche der Blick nicht weit dringt, mit Farnkräutern und Eichkätzchen und endlich diese Aussicht, in welcher das Höllengebirge als Mauer eine blühende Welt abschloß.

Gmunden ist einer jener Orte, die vor wenigen Jahrzehnten durchweg anmuteten, in welchen aber jetzt der Fortschritt haust. Statt der gemütlichen Herbergen von dazumal trifft man Hotels, wie es sich der gebildete Reisende wünscht, mit all' ihrer anspruchsvollen Unbequemlichkeit, gemachten Teuerung und ihrem großstädtischen ins Ländliche travestierten Unwesen. Es gibt ein »Hôtel bellevue au lac« (Hotel Seeblick) und andere bekannte Ausgeburten der Oberkellnerphantasie. Die Mädchen sind durch schwarzbefrackte Kellner, die heimlichen Stübchen durch langweilige Salons à manger (Speisesaal) ersetzt worden. In diesem überall nach frischer Tünche und neuem Lack riechenden Mauerwerk kann sich kein vernünftiger Mensch behaglich fühlen.

Bleiben wir im Mai, dem anmutigsten Monat, und beschauen uns, was auf einem solchen Gang in die Augen fällt. Wir wenden uns zunächst gegen das östliche Ufer, das noch nicht für Karossen zugänglich und in dessen Mitte sich der Traunstein mit steil in die Flut hineinreichenden Felsen gegen die Verschönerungen verwahrt, welche die Städter in den Dörfern und Obstgärten des jenseitigen Gestades angebracht haben.

Zuerst überschreitet man die Brücke, unter welcher der Traunfluß vom See hinabströmt. Durch den Aufenthalt im Becken ist der Fluß geläutert worden, und der wenige Sand oder Schlamm, den er vielleicht auf seinem Lauf von Stegen bis Ebensee von wilden Seitenbächen erhalten hat, ist auf dem Grunde der stillen Flut liegen geblieben. Die Traun wird so zweimal geläutert: einmal durch den See von Hallstatt und sodann durch den, welcher ihren eigenen Namen trägt, so daß man von einem oberen und unteren Traunsee reden könnte. Darum ist sie aber auch am schönsten malachitgrün unter den fließenden Wassern der Alpen. Glashell, durch die Wehre hier und dort in weiße Splitter zerschlagen, gleitet sie mit Pfeilschnelligkeit unter der Brücke hinab. Noch lebendiger wird der Anblick, wenn mit ihr eines jener Schiffe zu Tal schießt, die wir unter dem Namen »Traunerln« vom Hallstätter See her kennen. Das sind die Salzschiffe, mit grobem Bretterdach versehen. Niemand, der nach Gmunden kommt, sollte es unterlassen, hier ein solches Schiff zu besteigen und mit ihm durch die Brandung des Traunfalles hinabzufahren. Der weiße Gischt jenes berühmten Sturzes schlägt über das Fahrzeug – es kracht und dröhnt, aber bald schaukelt es sich wieder auf beruhigtem Wasser.

Wenn man die Brücke überschritten hat und auf dem Ostgestade gegen Süden pilgert, so gelangt man zunächst in zwei Dörfchen, Weier und Traunstein, die man Vorstädte von Gmunden nennen könnte, wenn dieses selbst nicht so ländlich wäre. Es ist eine Ansammlung von Häuschen und Hütten längs des Strandes, von kleinen Gärten umgeben, von Pflaumen- und Zwetschgenbäumen beschattet. So erschallt am flachen Ufer im Maienmond lustiger Vogelsang. Den befiederten Ansiedlern dieser Pflanzungen antwortet der Kuckuck aus dem nahen Bergwald, über welchem grau der Traunstein aufsteht. Es ist schade, daß sich hier keine Herberge aufgetan hat: der Strand ist anmutiger als drüben in der Stadt.

Hochblütig stehen die Wiesen dicht um die niedrigen Mauern – am meisten leuchten jetzt aus ihnen die roten Nelken hervor –, lange Bretterstege, auf denen Mädchen kniend waschen, reichen in den See hinein, auf der bleiern ruhigen Fläche draußen, über welcher duftige Maienschwüle lagert, scheint ein »Traunerl« unbeweglich zu schwimmen, während es doch von seinen Ruderern fortgeschoben wird. Und neben dem Steige, der glücklicherweise Rossen und Reitern, ja selbst dem bescheidensten Ziehkarren unzugänglich ist, steht hier und dort eine kleine Kapelle unter den Obst- und Waldbäumen. Ein roter Funken brennt darin und auf dem Brett davor kniet ein Weib oder ein Mädchen – denn noch ist Mai, der »Monat unserer lieben Frau«, der Marienmonat, die Zeit, während welcher die anmutigste Gestalt des christlichen Himmels vornehmlich gefeiert wird.

Zur Mailandschaft gehören auch die Wallfahrer, und da sind sie schon. Wir hören plötzlich das Klirren von Roßhufen auf Kies und Geplätscher im Wasser. Es ist nämlich an diesem flachen Gestade der Roßweg, auf welchem von Zugtieren Schiffe an der Leine geschleppt werden. Schon aus der Ferne haben wir ein Gemurmel, ein Gewirr von Stimmen gehört und jetzt zeigt es sich, von wo sie ausgegangen sind. Drei mächtige Schiffe, fest neben- und aneinander gebunden und von vier oder fünf hintereinander in einiger Entfernung durch das Wasser watenden Pferden geschleift, beherbergen ein Gewimmel von Menschen, das mit dem Übereinanderwerfen von Fischen in einer Tonne zu vergleichen ist. Wohl fünf- bis sechshundert Männer und Weiber kauern untereinander in den Fahrzeugen, meist unter dem Schutz von großen Regenschirmen, welche Schatten ausbreiten sollen. Bei dem vielen Beten und der Enge im Schiff muß der Durst groß werden. Rote und weiße Fahnen, die oberösterreichischen Farben, und auch rote Kirchenfahnen wehen, Kreuze ragen aus dem Gewimmel auf. Man ist zu »Unsrer Lieben Frau von Traunkirchen« gewallfahrtet und kehrt ins »Gschwand« zurück.

Kampenwandalm/Chiemgau

Ausflug zum Attersee

Bei Weyregg gelangt man zum Attersee. Hier ist der See schon im Hügelland und wer ihn recht genießen will, muß südwärts dem Höllengebirge und dem Schafberg entgegengehen. Längs des Strandes führt ein Weg, der den Blick ungestört über die große Wasserfläche dringen läßt. Dieser Pfad gehört zu den anmutigsten im ganzen Salzkammergut.

Neben den blauen Wogen rauschen die graugrünen Uferweiden im Wind. Neben morschen, bleichen Schiffhütten, welche einen schmalen Kahn beherbergen, sind oft kleine Gärtchen auf Mauerwerk aus Findlingsteinen ins Wasser gebaut, die zugleich als Bollwerk des flachen Ufers dienen. Da blühen Rosen und Dahlien über dem bewegten Wasser. Neben der Schiffhütte steht das altersbraune hölzerne Wohnhaus, von welchem sich auf der anderen Seite ein Obstanger zu den benetzten Uferblökken hinabzieht. Vor dem braunen Wohnhaus sind Klötze als Brennholz aufgeschichtet; auf der anderen Seite des Weges sind wieder Obstanger, über ihnen steigt der dunkle Wald auf, aus welchem die Klötze geholt worden sind, und dann kommen die grauen Schrofen, die mit der Steinwand und dem Höllengebirge zusammenhängen. Manchmal sind die braunen Häuser auch von Reben- oder wildem Weinlaub übersponnen und statt der Weiden begrenzen das Gestade oft wilde Rosen, Erlen, einreihig gepflanzte Tannen, die Winde mit weißen Trichterblüten, oder Erlen, die von den Ufern der Bäche, die hier und dort in den See fallen, her eingewandert sind und sich seitwärts von deren Mündungen ausgebreitet haben. Doch dergleichen sieht man ja auch an vielen minder bedeutenden Gewässern und wegen solcher Schaustücke braucht man nicht an den Alpenrand zu gehen.

Etwas anderes aber ist es, wenn man über alle diese Kleinigkeiten hinwegblickt auf die große Wasserfläche und auf den Schafberg, die Drachenwand und wie die Berge alle heißen, die ihr am südwestlichen Gestade scheinbar entsteigen. Wunderbar ist diese Welt, wenn am Abend die Spitzen über dem dunkelnden See rot werden, oder wenn am Mittag ein Gewitter naht und vor dem Blauschwarz, in das sie sich hüllen, die Flut von Schaumlinien durchzogen, in immer hellerem Grün aufzuleuchten scheint. Die kühnste Bergform ist die jähe Drachenwand, und wenn sie oben, von Wetterwolken umzogen, weiß, unten schwarz hinter dem Sturme steht, dann gibt der Attersee von diesem Gestade aus betrachtet ein Alpenseebild, wie wenige andere Gewässer.

Dergestalt ist das Aussehen des Atterseestrandes zwischen Weyregg und Weißenbach. In das Gemälde gehören noch einige Kalköfen hart am Strande, deren rote Glut durch die Ritzen der weißen Decke dringt, zierliche Gondeln und Veranden der Sommerfrischler, Flaggen und buntes Gewühl auf dem Deck des Dampfers, der rasch in die unendliche Bläue, den sanften Waldkuppen und Hügeln des Nordens entgegenplätschert.

Von Weißenbach führt ein Fahrweg auf die Ischl-Traunseer Straße, welcher sehr häufig benutzt wird und auch öfter beschrieben worden ist. Es ist eine Waldlandschaft, welche hier die Wasserscheide zwischen dem Attersee und dem Traunflusse bildet. Die Fahrstraße hat dem Waldreichtum noch wenig Eintrag getan, eher die Holzrinne oben am Berge, die von einem Wasserfall gespeist und zu welcher das Holz emporgehoben wird, damit es mit der Flut, welche die Rinne füllt, die Wasserscheide überwinde und in ihr zur Traun hinabfließe, deren Wellen es zu den Feuerkesseln des Ebenseer Sudwer-

kes tragen. Ein solcher Holzaufzug, wie hier im Schaubach, gehört zu den charakteristischen Bildern des Salzkammergutes. Man stelle sich unter dem Aufzug Berge von großen Holzscheitern vor, wirr übereinander geworfen, ringsum schweigsamer Wald und gegenüber das Summen eines Wasserfalles, der in einen grünen Tobel herabstürzt.

In Rodungen, auf denen breite Stümpfe und Farnkräuter untereinander stehen, weiden Kühe. Manchmal trifft man auch eine Klause mitten im Wald an, in deren Wehr ein dunkles Tor ist, aus welchem zu geeigneter Zeit das Holz hervorbricht, während aus einem in die Balken des Wehres hinein offengelassenen Schacht das abtriefende Wasser als kleiner Fall zum Vorschein kommt. Leichter Wasserstaub steigt aus dem Tümpel auf, der sich vor der Klause angesammelt hat.

Hin bis zur Traun behält das Tal diesen Waldcharakter, ja auch das belebte Trauntal selbst mit seinem breiten Fluß und seiner Heerstraße kann die Waldherrlichkeit dieses Landes nicht verleugnen.

Unterwegs zum Wolfgangsee

Gleich bei Ischl hebt sich die Salzburger Straße am waldigen Abhang hin über den Ischl-Fluß in die Höhe. Nachdem man eine kurze Strecke gegangen ist, verschwindet das Ischler Tal-Becken hinter vortretenden Bergen jäh und plötzlich und man begreift nicht, daß eine so ansehnliche Weitung wie das Ischler Tal sich ganz nahe an der waldigen Schlucht befinden soll, durch welche die neue Straße führt. Noch weiter oben freilich zieht sich die alte hin, teilweise vergrast und dem Schicksal der verlassenen Straßen verfallen. Die Berge schauen herein, die Hohe Schrott, von der Sonne vergoldet und noch weiter über die Rettenbach-Wildnis hin die steierischen Berge, welche die Wasserscheide zum Aussee bilden.

Bald beginnen die grünen Wildnisse der Auen, welche hier der Ischl-Fluß bildet, und der Wälder, in deren Tiefe der Nussen-See wie ein grün durchschimmerter Tautropfen liegt. Von allen Seiten fließen durch diese Auen klare Wasser der Ischl zu und oft bleibt der Fremdling verwundert vor Prachtbäumen stehen, wie vor der großen Linde, die sich neben dem Wirtshaus Langwies erhebt.

Gegen Strobl und das östliche Ufer des Ober- oder St. Wolfganger Sees hin kommt wieder Föhrenwald und über ihm erscheint der Schafberg, auf seiner Spitze das berühmte Haus, welches von hier aus betrachtet mit Frechheit an den Absturz hingebaut zu sein scheint.

Am flachen Ufer von Strobl erwartet uns das Dampfboot, welches uns in wenigen Augenblicken nach St. Wolfgang hinüberbringt.

Nachdem wir uns dort die von den Bögen in der Mauer der Kirche aus dem See ausgeschnittenen Bilder, die Kirche über der tiefblauen Flut, den goldenen Flügelaltar,

Hallstatt

den Brunnen, der innerhalb der geweihten Mauern so einsam rauscht, die Fischer, die mit ihren Nachen auf dem hellen Spiegel schweben, und die Efeuwände betrachtet haben, treten wir den Anstieg zum Schafberg an.

Eine Weile, bis zu einem einsamen Hause in sausender Schlucht, geht es fast eben fort. Dann hebt sich der Steig und während wir im Walde unter den Buchengewölben zwischen Farnkräutern und blauen Glocken dahinschreiten, tut sich unter uns der See immer weiter auf und wir gewahren wohl den Einfluß des Baches drüben, der am Südufer eine mächtige Halbinsel weit in den See vorgeschoben hat, den Verderber der Landschaft, der sicherlich hier das Seebecken noch überbrücken und es in zwei gesonderte Wasserbecken teilen wird.

Da sich der Weg hin und her windet, so bekommen wir oft die erhabene Welt des Südens zu schauen, aus welcher nichts mehr hervorleuchtet, als die Übergossene Alp. Dort stehen die letzten Gletscher der Alpen gegen Osten: der Ankogel, die Hochalmspitz, das Hafnereck. Bald tauchen auch die wundersamen Gebilde des Berchtesgadener Landes auf, Göll und Mühlsturzhörner und wie sie alle heißen, in deren beschatteten Schluchten wir früher manchen Gang zurückgelegt. Oben auf der Spitze vervollständigt sich dieses ungeheuere Bild durch den Westen und den Norden.

Der gekrümmte Mondsee, die lange Wasserfläche des Attersees, der Fuschl- und Zellersee, das endlose Flachland reihen sich an den fernen Kaiser in Tirol.

Es ist hier nicht der Ort, die Großartigkeit der Rundschau auszumalen und den Empfindungen nachzuhängen, welche sie anregt. Ich habe selbst Leute, denen die Verstocktheit des Alltagslebens sonst jeden idealen Genuß unmöglich macht, von dieser Schönheit ergriffen gesehen.

Hallstatt

Von Ischl nach Hallstatt ist es keineswegs notwendig, die Fahrstraße zu verfolgen. Ein viel anmutigerer Weg führt am linken Ufer der Traun.

Man verläßt Ischl auf der Franz-Karl-Promenade. Immer neben dem grünen Gebirgsfluß hergehend, zur Rechten Wald, erreicht man bald die Stelle, der gegenüber das winkelige, den Maler anziehende Laufen neben der Poststraße liegt. Hier wird ein schiffahrtsgefährlicher Felsen vom Fluß umbrandet, doch nebenan im geebneten Bett saust das Salzschiff schnell hinab.

Man bemerkt hier, daß man sich an den Zuflüssen der Holzvorräte des Ischler Sudhauses befindet. Die Mündung des Weißenbachtales beispielsweise ober Laufen ist nicht selten durch die Anhäufung von Trifthölzern im Flußbett unten verstopft. Das weite, waldige Bergland rings umher von den Höhen, die gegen den Hallstätter See hin abfallen, bis zu den Höhen des Höllengebirges um den Attersee, scheinen aber auch ihre Wälder nur zu tragen, um den Sudpfannen Feuerung zu liefern. Wir werden uns das näher bei Aussee betrachten.

Hier, neben der Salzach, ist der Boden mit roten Zyclamen bedeckt, wie weiter oben mit Alpenrosen. Neben der Soleleitung, die von Hallstatt nach Ischl auf diesem Ufer gelegt ist, blüht es allenthalben von diesen Kelchen, welche die Leute nicht mit Unrecht »Alpenveilchen« benennen, weil sie an Duft schier alle anderen im Bergwalde wachsenden Blüten übertreffen. So grünt und duftet es um die vielen Altwasser herum, die sich klar von der Traun ins waldige Ufer hineinziehen.

Auf dem Ufer von Goisern zieht sich längs der Traun auch der rote »Schiffszug« neben der Traun her, der grob mit Steinen überschotterte Saumweg, auf welchem von den Rossen die vom Gmundner zum Hallstätter See heimkehrenden Salzschiffe traunaufwärts gezogen werden. Wenn man ihn hier und dort aus der Entfernung durch das Gestrüpp betrachtet, so schaut er mitunter wie der Damm eines Bahnkörpers aus – obgleich in bezug auf Geschwindigkeit es nicht leicht eine verschiedenartigere Bewegung geben kann als die eines Bahnzuges und die der armen Rosse, welche mit schwerer Last gegen die Wucht der Strömung ankämpfen müssen.

Unter den Hochseen der gesamten Alpenwelt habe ich keinen schöneren gesehen als den hinteren Gosausee. Mit dem Eisgeflimmer des Dachstein, das er wiedergibt, ist es ein Bild der Größe, das von keiner Erscheinung der Natur an tief aufregender Wirksamkeit übertroffen werden kann.

Kehren wir den Hallstätter Weg zurück. An gewundenen, gebogenen Schichtungen der Felsen hin, oft durch Rinnsale jäher Bäche unterbrochen, welche breite, weiße Striche durch den Wald bis zur dunkelgrünen Wassertiefe herab machen, erreichen wir die ersten Häuser von Hallstatt.

»Markt Hallstatt«, d. h. Salz-Stätte, verkündet uns die Tafel. Einen merkwürdigeren Ort gibt es nicht in deutschen Landen. Staffelförmig über den See an der Felswand gelagert sind die Häuser. Der Nachbar muß auf sein Dach oder bis zur Dachhöhe steigen, wenn er den über dem Wege wohnenden Nachbar in dessen Erdgeschoß aufsuchen will – kein Roß, kein Wagen auf den engen Gassen und Steigen, nur die Barken, die still über den See gleiten.

Niedrig sind die Häuser, wie sich von selbst versteht, gegen den Weg her, hoch gegen den See hinab, dem sie ihre Vorderseite weisen. Tagelang könnte man sich in diesem Gewinkel mit Abzeichnen unterhalten. Schupfen, grobe Mauern aus Findlingssteinen, krumme Gartenzäune schweben zwischen den Häuschen, vor deren sozusagen ebenerdigem Dachfenster die roten Geranien blühen, über dem See.

Der Kirchhof um die hohe katholische Kirche herum (die protestantische steht unten neben dem See) ist auf einer hohen Terrasse auf gewaltige graue Stützmauern aufgebahrt. Aus Blumen, aus Dahlien und Astern erheben sich die Pfeiler – oben steht das Beinhaus im Gottesacker. Viele Totenschädel sind von Dorfaquarellisten mit grünen Kränzen um die beinweißen Schläfen herum bemalt, nur Katholiken-Schädel, denn die Protestanten ruhen abgesondert. Das Beinhaus ist eine Nische der alten am Fels klebenden Pfarrkirche, die hundertmal gemalt worden ist. Von der Brüstung des Ruheortes aus betrachtet liegt der See gerade tief unten ruhig und rätselhaft wie das andere Geheimnis, das dieser Rasen birgt. Nuß- und Pflaumenbäume grünen vor den weißen Mauern der Kirche, und über ihr steigt der Fels an, tausende von Fuß, in Wald und Wolken sich bergend.

Auf jedem Schritt entdeckt man neue Bilder. Hier entspringt ein Quell, zum Brunnen gefaßt, in einer von Holunder überschatteten Nische – daneben steht ein weißes Bildstöckl, Christus mit dem Lieblingsjünger und Maria. Dort steht ein braunes Holzhaus, von Weinreben umrankt, mit verwahrlostem Vorgarten, und daneben hängen rote Äpfel über dem tiefgrünen Wasser des Ufers. An den Mauern vieler Häuser glänzen gelbe Aprikosen, unten aber hängen viele Zweige über den See.

Der merkwürdigste Gang, den man von Hallstatt aus unternehmen kann, ist derjenige zu dem Wasserfall, den man »Waldbach-Strub« nennt, dem Abfluß der Wasser aus den hohen Eisfeldern des Dachstein.

Schon der Gang zu diesem Waldbach-Strub ist eine Fundgrube für den Maler. Zuerst gelangt man, teilweise noch auf Stegen, die in den See hinein festgepfählt sind und noch innerhalb der Hallstatt an einzelnen Stellen das Hin- und Hergehen möglich machen, nach Lahn, am Ausfluß des Strub-Baches in den See. Hier liegen die Salzschiffe, hier wird vom Sudhaus weg jenes Salz, das nicht zum Versieden taugt, in den See geworfen, hier sieht man die Schiffe, hier schlagen die grünen Wellen gegen das graue Gletscherwasser, das bogenförmig eindringt und allmählich die ganze Halbinsel geschaffen hat.

Die Kretinen und Bettler, die bis dahin Spalier stehen, verlieren sich endlich, und man gelangt in ein grünes Tal, in welchem zuerst Obstbäume über Felsblöcken stehen, sodann aber Ahorne und geschlossener Tannenstand den Raum einnehmen, welchen der tosende Bach zwischen den Wänden übrig gelassen hat.

Das ganze Tal wird wohl einmal ein See gewesen sein, welchen der Waldbach nach und nach ausgefüllt hat. Dieser See war ein Arm des Hallstätter Sees, der in dieser Gestalt viel Ähnlichkeit mit dem See der vier Waldstädte gehabt haben muß. Links und rechts schränken die Sohle lahnendurchfurchte Wände ein – überhängende Zweige des Waldes bilden über mächtigen Blöcken gründämmernde Wölbungen und weithingestreckte Perspektiv-Gänge. Auch im Wasser liegen zahllose Blöcke, von denen, nachdem eben eine überschlagende Welle darüberhingestürzt, viele kleine, weiße Wasserschaumfäden abtriefen, Miniaturbilder der Schleierfälle, die hier und dort langsam, von der widerstrebenden Luft gehemmt, über die grauen Kalkfelsen fast geräuschlos in die Tiefe schweben.

Aufstieg zum Dachstein

Der Dachstein ist die zweithöchste Spitze der nördlichen Kalkalpen, indem er nur von der Parseierspitze bei Landeck übertroffen wird. Es wird deshalb geraten sein, an dieser Stelle etwas über die Schwierigkeiten zu sagen, unter welchen er erklommen wird. Bei wiederholtem Aufenthalt in Hallstatt ist es mir stets von der Ungunst des Wetters verwehrt worden, weiter als bis zum Rande des Karls-Eisfeldes vorzudringen. Ich schalte, aus dem Vielen, das ich in Zeitschriften darüber gelesen, das meiner Meinung nach beste ein, was ein Bergsteiger über diese Unternehmung geschrieben hat. Es ist dies ein Bericht Karl Hofmanns, des Ersteigers so vieler unserer höchsten Gipfel. Derselbe unternahm seinen Gang von der am südlichen Rand des hinteren Gosau-Sees gelegenen Alphütte aus und läßt sich darüber folgendermaßen vernehmen:

»Früh am Morgen verließen wir unser Lager. Es war ein Uhr. Als wir vor die Hütte traten, lag ein dichter Nebel über der Oberfläche des Sees ausgebreitet; doch war der Himmel rein und wolkenleer, und klar strahlte die halbe Scheibe des abnehmenden Mondes ihr fahles Licht auf uns herab. Alle Anzeichen versprachen einen außerordentlich günstigen Tag. Bis unser Frühstück zubereitet und eingenommen war, verging noch eine volle Stunde, und so traten wir erst um zwei Uhr unsere eigentliche Dachsteinfahrt an.

Nachdem wir wenige Minuten gestiegen waren, lag der im Kessel ausgebreitete Nebel unter uns; so schnell wie möglich ging es nun aufwärts, da uns die schneidige Kälte zu beschleunigtem Schritte zwang, um einigermaßen den Körper zu erwärmen.

Es war sechs Uhr, als wir das Gosauer Eisfeld betraten. Einige Male hatten Blitze die schwarzen Wolkenmassen, die im Südwesten lagen, durchzuckt. Imposant stiegen, von den ersten Strahlen der aufgehenden Sonne beleuchtet, vor uns die Wände des Torsteins aus ihrer eisigen Hülle empor; er sieht viel gewaltiger aus als der weiter zurückstehende Dachstein, dessen Absturz bei weitem nicht so schroff und unnahbar erscheint, als der seines mächtigen Rivalen.

Einen gerade vor uns zwischen Dachstein und Torstein isoliert aufsteigenden Kegel bezeichneten uns unsere Führer als »Zuckerhut«. Zu unserer Linken hatten wir die jähen Wände des »Hochkreuz«, das hier fast senkrecht zum Gosauer Eisfeld abstürzt.

Nach einer halben Stunde hatten wir den Ferner überschritten, wozu wir weder Stricke noch Steigeisen zu gebrauchen genötigt waren, da einerseits die Steigung durchaus nicht bedeutend war und andererseits größere Klüfte im Eise gänzlich mangelten.

Wir befanden uns jetzt in der Scharte, die zwischen dem Dachstein und dem vorgenannten »Zuckerhut« (Mitterspitz) liegt. Zu unseren Füßen lag das Enstal ausgebreitet, die Talsohle selbst zwar in ein wogendes Nebelmeer verborgen, doch erhoben sich die das Tal einschließenden Höhenzüge aus dem Nebel. Auch der Südwesten zeigte sich jetzt freier, da ein frischer Nordwind die schwarzen unheimlichen Wolkenmassen größtenteils zerstreut hatte. Gerade vor uns im Osten lag der eigentliche Dachstein, der sich von hier aus noch über tausend Fuß erhebt. Von nun an begannen aber auch die eigentlichen Schwierigkeiten der Ersteigung. Nach einer kurzen Rast von wenigen Minuten brachen wir mit Zurücklassung alles Entbehrlichen auf, um den letzten Teil der Arbeit zu bewältigen. Gleich anfangs, kaum 50 Fuß oberhalb der Scharte, mußte eine glatte Felswand überschritten werden, wobei wegen der bedeutenden Steigung große Vorsicht anzuwenden war. Von da an geht es beständig über lose aufliegende Blöcke an den schroffen Wänden aufwärts. Ein Fehltritt, ein Ausgleiten wäre gewiß todbringend gewesen, denn es war sicher, daß ein Sturz über die mehrere Fuß hohen Wände den Unvorsichtigen zerschmettern würde.

Noch eine große Unannehmlichkeit trat hinzu: da wir beständig gezwungen waren, zur größeren Sicherheit uns mit den Händen an den Felsen zu halten und letztere wegen der tieferen Temperatur eisig kalt, zum Teil mit einer Eiskruste überzogen waren, so wurden uns die Finger völlig starr. Die Führer leisteten uns keine Hilfe, denn sie hatten genug mit sich selber zu tun, um an schwierigen Stellen emporzukommen. Sie dachten auch gar nicht daran, ihre Schützlinge nur einigermaßen zu unterstützen. Im Gegenteil, sie redeten unaufhörlich von den vorhandenen und noch zu erwartenden Gefahren.

Dessen ungeachtet kamen wir rüstig und sicher aufwärts, doch nicht ohne ein paar Mal kleine Gefährlichkeiten bestehen zu müssen. Einmal rollte mir ein Felsstück, das durch die Unvorsichtigkeit des vor mir aufsteigenden ersten Führers losgelöst worden war, auf das Knie und machte mich für einige Minuten kampfunfähig.

Endlich, nach einer mühevollen Stunde, befanden wir uns vor der ehemals schwierigsten Partie, einer etwa 12 bis 15 Fuß hohen senkrechten Felswand, über welche empor man in wenigen Minuten auf die Spitze gelangt. Dieser Teil der Dachsteinfahrt, der sonst nur mit den größten Gefahren zurückgelegt werden konnte, ist seit dem Jahre 1863, wo einige Führer eiserne Haken in die Wand eintrieben und daran ein etwa 20 Fuß langes Seil befestigten, ohne besondere Schwierigkeit zu passieren und bald waren wir über die Wand emporgestiegen. Wir standen jetzt auf einem von der Spitze herabziehenden Felsengrat, der mit ungefähr 150 Schritten gefahrlos überschritten wurde. Es war acht Uhr. Wir hatten also vom Hinter-Gosau-See bis auf die Spitze sechs Stunden gebraucht.

Die Spitze gewährte gerade Platz für unsere kleine Schar, und wir lagerten uns, um nun den süßen Kern der harten Nuß zu genießen. Das Wetter, das uns anfangs so bedenklich erschienen war, hatte sich sehr befriedigend gestaltet, besonders der Blick gegen die Tauernkette, die am frühen Morgen von Gewitterwolken umlagert gewesen, war wieder ganz frei geworden. Rein und makellos ragten die glitzernden Hörner in die blaue Luft. Besonders schön traten die Berge der Glocknergruppe hervor, vor allen der Großglockner selbst mit seinem gewaltigen Nachbarn, dem Wiesbachhorn; an sie schloß sich ein eisbelasteter Gipfel nach dem andern. Deutlich unterschieden wir den Großvenediger, die Dreiherrnspitze, den Hochgall und viele andere uns wohlbekannte Gipfel. Desgleichen war weiter gegen Süden die Gruppe der Gasteiner Kette, besonders Ankogel und Hochalpspitz, frei von Nebel. Im Süden jedoch war das gerade sich ausbreitende Enstal vollständig verhüllt. Von der Talsohle selbst war gar nichts zu sehen und nur die höher liegenden Berge ragten wie Inseln aus einem Meere empor. Gegen Osten und Nordosten war die Aussicht wieder etwas freier, und in den ersten Momenten unseres Aufenthaltes auf der Spitze sahen wir auch die Seen von Aussee und das Trauntal, besonders das freundliche Ischl; bald hüllte der Nebelschleier auch diese Gegend ein.

Während wir auf der Spitze waren, herrschte noch immer eine schneidende Kälte, doch hatte dieselbe im Verhältnis zu den früheren Stunden bedeutend nachgelassen.

Nachdem wir die Rundschau zur Genüge genossen und auch unsere Mägen durch die mitgenommenen Speisen und Getränke gestärkt hatten, traten wir den Rückweg an. Vorher jedoch legten wir die Daten unserer Ersteigung in eine der beiden Flaschen, welche zu diesem Zweck auf dem Gipfel aufbewahrt werden. Die eine von ihnen enthält die Karten derjenigen Besteiger, welche von Hallstatt, die andere diejenigen, welche von Gosau hergekommen sind. Unsere Führer, welche in bezug auf einige Bergspitzen eine staunenswerte Unkenntnis an den Tag legten und während der ganzen Zeit unseres Aufenthaltes auf dem Gipfel auf die Hallstätter schimpften, welche nach ihrer Behauptung einige Karten aus der Gosauer Flasche genommen, waren endlich auch zum Aufbruche bereit, und so verließen wir denn Punkt zehn Uhr, also gerade nach zweistündigem Aufenthalt unseren luftigen Sitz, um wieder hinabzusteigen ins Gosautal zu den übrigen Menschen, über die wir ein paar Stunden lang so unendlich erhaben gewesen waren.«

Vision

Es wird Abend. Die ganze Kette der Alpen ist oben mit einem funkelnden Band, frischgefallenem Schnee, besetzt. Die Helle sticht dich in die Augen. Die Sonne tritt aus dem westlichen Gewölk und nun läuft, wie die bläuliche Flamme am Schwefelfaden, blitzschnell ein zündendes Licht von den Spitzen des Untergangs zu denen des Aufgangs, daß sie alle mit lodernder Glut zu brennen scheinen. Ein unendlicher Lichterchor antwortet dem fallenden Gestirn. Aber auch die jähen Felsen, an denen sich kein Schnee halten kann, blenden wie die lautere Flocke vom Himmel. Diese Beleuchtung muß etwas Furchtbares feiern – vielleicht die Schrecken, die in den Alpen versteckt liegen – die Verwüstung, welche ihre Ströme unter die Menschen senden. Wer weiß, wessen Gedankens Ausdruck dieses Geflimmer ist.

Aber das Entzückende wie das Unheimliche verschlingt der nächste Augenblick. Im Zenit stehen schwarzgraue Wolkenballen, unten haben sie die Farbe des Kupfers. Diese Kupferhaufen senken sich immer tiefer, tiefer – jetzt stoßen sie auf die Bergrücken – jetzt umfassen sie die beschneiten Ränder. Das weiße Band ist von den roten Dünsten versteckt. Die finsteren Felswände aber – die Regenluft macht sie dunkel – erscheinen nun als unermeßliche Kohlenmeiler, über denen das Kupfergewölk als ein verwirrter dunstiger Brand liegt. Aber auch diese dumpfe träge Flamme vergeht. Das trübe Rot wird vom nachschiebenden Schwarzblau des Gewölkes herabgedrückt und endlich ist mit dem Hinabtauchen der Sonne auch dieses hohe Schauspiel in ein Nichts verschwunden.

Nicht minder seltsam erscheint von hier das herannahende Gewitter. Im Westen hat sich schon eine einförmige Regenfläche vom Himmel auf die Erde gesenkt. Sie ist grau aber von der dahinter stehenden versteckten Sonne wie ein Milchglas erhellt, das ein fahler Goldschimmer schwach durchleuchtet. Über uns stehen schwarze Wetterwolken, auf dem Gebirg liegt Ätherglanz, wie weinfärbiger Topasflimmer, und die Abhänge sind in tiefen Indigo getaucht. Die obersten Spitzen glänzen in überirdischer Klarheit. Wie flüssige Metallströme rinnen über die Schneefelder und kahlen Hochfirste Lichter, welche kein Prisma kennt – jähe Mitternachtsblitze in still gelagerte Seen verwandelt. Aber der Vorhang fällt rasch – menschlichen Augen gewährt dies Schauspiel ein seltener Augenblick. Es sind Erinnerungen, die der Erdball aus titanischer Vorzeit hat, wenn ihn auf seinen Alpen solche Träume anwandeln. Damals hat es niemand gesehen und Wenige sehen es heute. Denn die grauen Wülste der Wolken senken sich – der weingelbe Ätherstreifen über den Jochen wird schmäler. Jetzt ist eine graue Leinwand vor dir ausgespannt, auf welcher die elektrischen Funken hin und her zucken. Es ist nicht der Zwischenaktsvorhang, der gesunken ist – das Schauspiel ist für heute geschlossen.

Heinrich Noé

(1835–1896)

Ein Nachwort von Wilfrid Feldhütter.

Für Ludwig Steub wurden die Sommerferien in Oberbayern und Tirol zu literarischen Erlebnissen. Der um 33 Jahre jüngere Heinrich August Noé ergab sich den Bergen als unentrinnbarem Schicksal, das sein Leben bestimmte. Unerschöpflich erschien ihm die Fülle der Bilder, welche die Bergwelt bot und die er mit der wogenden Flut der Meere verglich.

Ludwig Steub war ein literarisch engagierter Sommerfrischler. Heinrich Noé kannte die Berge und ihr Vorland zu jeder Jahreszeit. Die Begegnung mit Heinrich Noé vermittelte in unserem Jahrhundert Josef Hofmiller, der nicht müde wurde, versunkene Schätze der bayerischen Literatur ans Licht zu heben.

»Wandern ist eine Tätigkeit der Beine und ein Zustand der Seele« schrieb er einmal. Ein ähnlicher Satz könnte von Heinrich Noé stammen, dessen Wanderwege und Ziele Hofmiller großenteils vertraut waren.

Als sich Heinrich Noé seinerzeit entschloß, vom Achensee aus den Rofan mit seinen 2260 Metern zu besteigen, gab es nur ein paar Tiroler Almen, auf deren Hüttenbank man rasten konnte. Ein veritabler alpinistischer Stützpunkt wie die später erbaute Erfurter Hütte fehlte; nicht zu reden von der Gondelbahn, die heutzutage Halbschuh-Touristen hinauf und hinunter liftet. – Damals als Heinrich Noé den Rofan bestieg, war man den Menschen entrückt und dem Himmel ein kleines Stück näher …

Noé sah die alte Flößerherrlichkeit auf der oberen Isar zwischen der Vorderrieß, Tölz und Wolfratshausen mit denselben begeisterten Augen, die er schon als Bub in München für sie aufgebracht hatte. Er hat das Dorf Fall beschrieben, bevor es durch Ganghofers Roman »Der Jäger von Fall« berühmt wurde, und lange bevor es der Speichersee am Sylvenstein mit seinen Wassern bedeckte.

Der junge Mann, dem man nachrühmte, er verstände sich sage und schreibe auf 17 Sprachen, dieser Heinrich August Noé kehrte der sicheren Pfründe eines Kgl. Bayer. Staatsbibliothekars den Rücken, um freier Schriftsteller zu werden. Das galt damals in den Jahren 1863 und 64 nicht als Entschluß, sondern als Kühnheit ohnegleichen. Noé wählte die Freiheit, aufzubrechen, wohin er wollte, um ein literarischer Mittler zu werden zwischen Bergen und Menschen. – – Noé schilderte, was viele Zeitgenossen sehen und erleben wollten. Seine Schriften reichten über die individuelle literarische Absicht des Autors hinaus und wurden zum Ausdruck des Zeitgeists, für den zunehmende Naturnähe charakteristisch war.

Noé war 27 Jahre alt, als 1862 der Österreichische Alpenverein entstand, dem ein Jahr später der Schweizer Alpenclub folgte. – 1869 wurde in München der Deutsche Alpenverein gegründet, der sich 1874 mit dem österreichischen zusammenschloß. –

Ohne dem Zeitgeist zu widerstreben blieb Noé bei seinen Wanderungen durch die Alpen vorwiegend ein Einzelgänger, dem sich die Einwohner anvertrauten, dem sie Abenteuer, Sagen und Märchen erzählten.

Heinrich Noés Unternehmungslust reichte über die bayerischen Berge weit hinaus. Seine Wanderungen durch die Ostalpen wurden durch den österreichischen Bahnbau außergewöhnlich gefördert. – 1854 schnauften die ersten Lokomotiven, zischend, pfeifend und läutend über den Semmering ins Tal der steirischen Mürz, Richtung Graz. Peter Rosegger hat die erste furchterregende Begegnung mit den eisernen Ungeheuern eindrucksvoll geschildert.

Zehntausende italienische Streckenarbeiter bauten zwischen 1864 und 67 die Brennerbahn von Innsbruck bis Ala, und seit 1875 verband die Giselabahn Salzburg mit Pongau, Pinzgau, Zell am See, Kitzbühel und Wörgl im Inntal. – Der aus Preußisch-Schlesien stammende Romancier und Kulturhistoriker Gustav Freytag würdigte die enormen Leistungen des österreichischen Kaisertums auf diesem Gebiet mit uneingeschränkter Bewunderung.

Für Noé kamen die österreichischen Eisenbahnen einem eisernen Ariadnefaden gleich, der ihn bis an den Tagliamento und nach Bosnien führen sollte. –

In seinem geliebten Bozen hat Heinrich Noé das Zeitliche gesegnet. – –

Man schrieb den 20. August 1896. – Die Reben färbten sich um eine Nuance dunkler, und die Bozener Patrizier genossen die Sommerfrische auf den kühleren Höhen des Ritten. –

Heinrich Noés Leben war verlaufen wie der Herzog von La Rochefoucauld es in seinen Maximen ausspricht:

»Betrachtet man's genau, so ist unser Leben eine Wanderung: mit unerwarteten Fernblicken, Wegbiegungen, Raststätten und einem Ziel, das wir nicht kennen.«

Karl Schmid (1837–1871)

Selbstdarstellung

Karl Schmid

(1835–1871)

Unser Wissen über Karl Schmid ist außergewöhnlich spärlich. Neben seinem Geburts- und Sterbejahr sind genaugenommen nur drei weitere biographische Angaben zuverlässig überliefert: Beruf, Lehrer und Lebensraum.

Alles, was an Skizzen und Bildern von ihm bekannt geworden ist, weist Schmid als Landschaftsmaler aus, der wie sein berühmterer Kollege Ferdinand Georg Waldmüller und sein Lehrer Anton Hansch – beide Wiener wie Schmid – Studien nach der Natur betrieb. Insofern gehört er der ersten Generation der österreichischen Protagonisten der Landschaftsmalerei an, die unter Verzicht auf das Bedeutende zugunsten des Natürlichen die Auflösung der Biedermeierlandschaft herbeiführen. Sie empfinden die Idealität des Biedermeierbildes mit seinen formalen und inhaltlichen Beschränkungen als künstlerische Fessel und suchen etwa ab der Mitte des 19. Jahrhunderts nach neuen Wegen in der Landschaftsmalerei.

Wie sein Lehrer Hansch hat Schmid auf seinen Studienreisen in den fünfziger und sechziger Jahren des vergangenen Jahrhunderts die Alpenländer und den Voralpenraum, vornehmlich seines Heimatlandes, durchstreift und zahlreiche Skizzenbücher gefüllt. Wenngleich Text und Illustration des vorliegenden Buches nicht einander zugearbeitet sind, so entstanden sie doch zur gleichen Zeit, im selben geographischen Raum und decken sich in wirklichkeitsgetreuer Auffassung und Darstellung von Land und Leuten.

© 1981 ISBN 3-475-52343-4

Dieses Buch erscheint in der Reihe »Rosenheimer Raritäten« im Rosenheimer Verlagshaus Alfred Förg GmbH & Co. KG, Rosenheim.
Es wurde gedruckt von Georg Wagner in Nördlingen und gebunden von Hans Klotz in Augsburg.
Den Schutzumschlag gestaltete Ulrich Eichberger, Innsbruck.
Das Umschlagbild zeigt einen Ausschnitt aus dem Gemälde »Salzburger Landschaft« von Friedrich Philipp Reinhold; Abdruck mit freundlicher Genehmigung der Salzburger Landessammlungen Residenzgalerie, Salzburg; das Foto von Heinrich Noé stammt aus dem Bildarchiv Preußischer Kulturbesitz, Berlin.
Ganz besonders danken möchten wir der Gemeinde Prien, ihrem Bürgermeister Lorenz Kollmannsberger und ihrem Amtsrat Fritz Aigner, für die Überlassung der Zeichnungen von Karl Schmid.